生产性服务业与制造业协同发展的理论与政策研究

◎金晟 著

华南理工大学出版社
·广州·

图书在版编目（CIP）数据

生产性服务业与制造业协同发展的理论与政策研究/金晟著.—广州：华南理工大学出版社，2018.5
ISBN 978-7-5623-5642-4

Ⅰ.①生… Ⅱ.①金… Ⅲ.①生产服务-服务业-产业发展-关系-制造工业-产业发展-研究-中国 Ⅳ.①F719 ②F426.4

中国版本图书馆 CIP 数据核字（2018）第 100048 号

生产性服务业与制造业协同发展的理论与政策研究
金晟 著

出 版 人：	卢家明
出版发行：	华南理工大学出版社
	（广州五山华南理工大学17号楼，邮编510640）
	http://www.scutpress.com.cn　E-mail: scutc13@scut.edu.cn
	营销部电话：020-87113487　87111048（传真）
策划编辑：	袁　泽
责任编辑：	袁　泽
印 刷 者：	虎彩印艺股份有限公司
开 　 本：	787mm×960mm　1/16　印张：10.75　字数：215千
版 　 次：	2018年5月第1版　2018年5月第1次印刷
定 　 价：	38.00元

版权所有　盗版必究　　印装差错　负责调换

前　言

我国已是全球第一制造业大国，但在竞争加剧、资源成本上升、环境约束趋紧等条件下，我国制造业面临着巨大的压力。在我国经济要求可持续和高质量发展的新时代，外部压力和内部动力都要求制造业实现转型升级，以便从根本上扭转我国制造业大而不强的局面。

我国的生产性服务业起步晚、起点低，目前存在一系列问题。比如：生产性服务业的规模较小、水平较低；内部结构不合理，高端生产性服务业欠发达；分工不精细、专业化程度不高；等等。

二十世纪七八十年代以来，全球经济结构呈现出服务经济主导的趋势，高收入国家普遍经历了或正在经历向服务型经济的转型，生产性服务业和制造业协同发展的趋势日趋明显。毋庸置疑，生产性服务业与制造业的协同发展也是我国实现产业转型升级的关键途径。

生产性服务业的产生和发展经历了一个从"附属"到"独立"的过程。在制造业发展的初级阶段，生产性服务一般由制造业企业自己提供。随着制造业生产规模的不断扩大，产业分工日渐精细化，于是逐渐形成了独立的生产性服务业。总体来看，生产性服务外部化与制造业服务化，是生产性服务业与制造业关系演进的两种基本表现形式。

由于历史的渊源和产业关联，我们首先看到的是因制造业的庞大需求"拉动"了生产性服务业的发展，继而看到的是因生产性服务业的蓬勃发展"推动"了制造业的升级换代。事实上，它们是共生、互动的，因为它们相互依存，相互制约，相互促进。而今天，在信息技术和人工智能等高端科学技术的催化下，它们又呈现出相互融合的趋势。

在我国产业亟须转型升级的今天，面对制造业尚欠发达、生产性服务业不够先进的局面，我们该如何看待二者的地位和关系，它们该谁主谁从、谁先谁后，抑或是二者一个都不能少，两手都得硬？事实上，西方发达国家的经验以及我国的实践需要都已给出了答案，生产性服务业与制造业必须协同发展。

协同发展并非一个新概念，但将其与制造业和生产性服务业联系起来，则是一个大国必须面对并需妥善解决的世纪性大课题，它事关中华民族的伟大复兴。因此，我们既需要在理论上摸清二者之间的内在规律，又需要在实践中做好政策和制度层面的统筹安排。为此，本书试图构建一个生产性服务业与制造业协同发展的理论分析框架：表现——共生、特征——互动、过程——自组织与他组织、效应——集聚与创新；并在借鉴西方发达国家经验的基础上，结合国情，提出促进我国生产性服务业和制造业协同发展的框架性政策建议。

作为阶段性研究成果，本书在内容上难免有诸多缺陷。因此，在把自己的所思所得与大家分享的同时，也真诚希望读者就书中的不足之处批评指正。

金晟
2018 年 2 月

目 录

引 言 ………………………………………………………………………… 1
 一、研究背景与意义 ……………………………………………………… 1
 二、研究思路与内容 ……………………………………………………… 3

第一章 基础理论研究综述 ……………………………………………… 6
第一节 基本概念界定 …………………………………………………… 6
 一、生产性服务业的内涵与外延 ………………………………………… 6
 二、制造业 ………………………………………………………………… 10
 三、产业协同 ……………………………………………………………… 11
第二节 研究现状述评 …………………………………………………… 13
 一、生产性服务业与制造业关系的演进 ………………………………… 13
 二、生产性服务业与制造业的产业关联 ………………………………… 16
 三、生产性服务业与制造业的互动效应实证分析 ……………………… 19
 四、集聚经济视角下生产性服务业与制造业的协同发展 ……………… 20
第三节 基础理论 ………………………………………………………… 22
 一、产业分工理论 ………………………………………………………… 22
 二、产业共生理论 ………………………………………………………… 26
 三、产业集聚理论 ………………………………………………………… 28

第二章 生产性服务业与制造业协同发展机理 ………………………… 34
第一节 生产性服务业与制造业的共生演化机理 ……………………… 34
 一、生产性服务业与制造业共生演化的基本要素 ……………………… 34
 二、生产性服务业与制造业共生演化的概念模型 ……………………… 35
 三、生产性服务业与制造业共生演化的过程与动因 …………………… 37
第二节 生产性服务业与制造业的互动机制 …………………………… 41
 一、生产性服务业推动制造业发展的机制 ……………………………… 42
 二、制造业拉动生产性服务业发展的机制 ……………………………… 45
第三节 生产性服务业与制造业协同发展的组织机理 ………………… 48

一、生产性服务业与制造业协同发展的"自组织" …………… 48
　　二、生产性服务业与制造业协同发展的"他组织" …………… 57

第三章　生产性服务业与制造业的协同效应 …………………… 61
第一节　生产性服务业与制造业协同发展的集聚效应 ………… 61
　　一、产业协同的集聚效应 …………………………………… 61
　　二、生产性服务业与制造业的协同集聚定位 ……………… 67
第二节　生产性服务业与制造业协同发展的创新效应 ………… 76
　　一、协同创新的效应 ………………………………………… 76
　　二、协同创新的博弈分析 …………………………………… 79
　　三、协同创新系统的运行机制 ……………………………… 89

第四章　生产性服务业与制造业协同发展的实证分析 ………… 92
第一节　生产性服务业与制造业协同集聚与创新的实证分析 … 92
　　一、生产性服务业与制造业协同集聚的实证分析 ………… 92
　　二、生产性服务业与制造业协同创新的实证分析 ………… 97
第二节　生产性服务业推动制造业发展的实证分析 …………… 101
　　一、分析思路与方法选择 …………………………………… 101
　　二、指标选择与模型设计 …………………………………… 101
　　三、回归结果 ………………………………………………… 104
　　四、实证结论 ………………………………………………… 104
第三节　制造业拉动生产性服务业发展的实证分析 …………… 107
　　一、指标选择 ………………………………………………… 107
　　二、模型构建 ………………………………………………… 109
　　三、回归结果 ………………………………………………… 110
　　四、实证结论 ………………………………………………… 110

第五章　生产性服务业与制造业协同发展的国际经验借鉴 …… 114
第一节　发达国家生产性服务业与制造业协同发展的经验 …… 114
　　一、美国 ……………………………………………………… 114
　　二、英国 ……………………………………………………… 118
　　三、德国 ……………………………………………………… 122
　　四、日本 ……………………………………………………… 126
第二节　发达国家生产性服务业与制造业协同发展对我国的启示 … 127

一、重视中小企业创新能力的培育 …………………………… 128
　　二、推进生产性服务业的集群化发展 ………………………… 130
　　三、推动生产性服务的外包化 ………………………………… 131
　　四、提升行业组织的活动能力 ………………………………… 132

第六章　生产性服务业与制造业协同发展的政策建议 …………… 135
第一节　提升生产性服务业与制造业的协同聚集水平 ………… 135
　　一、采用差异化支持政策 ……………………………………… 135
　　二、科学规划产业集聚的空间布局 …………………………… 137
第二节　完善生产性服务业与制造业协同发展的创新机制 …… 139
　　一、产业创新的紧迫性 ………………………………………… 139
　　二、建立产业协同创新系统 …………………………………… 140
　　三、开展知识、技术和制度创新 ……………………………… 143
　　四、制度安排和产业政策 ……………………………………… 144
第三节　改善生产性服务业与制造业协同发展的市场环境 …… 144
　　一、发挥市场在资源配置中的决定性作用 …………………… 145
　　二、完善基础设施，搭建信息共享平台 ……………………… 146
　　三、改善竞争和信用环境 ……………………………………… 147
第四节　优化政府的指导和调控作用 …………………………… 149
　　一、更好地发挥政府作用 ……………………………………… 149
　　二、以智能制造为抓手促进产业协同 ………………………… 150
　　三、推动制造业生产性服务环节外包化 ……………………… 152
　　四、完善政策支持体系 ………………………………………… 154

参考文献 ……………………………………………………………… 156

引 言

一、研究背景与意义

（一）研究背景

20世纪80年代以来，随着经济全球化的加速，制造业企业的发展呈现两种趋势：一是制造业企业的服务化趋势。高端制造业的发展需要高端的生产性服务业与之相匹配，为其提供具有高附加值、高生产潜力的生产要素。在核心能力保持和价值链延伸的双重需求下，制造业企业开始寻求专业化、优质化和创新性的生产性服务以提高产品品质，以便在日趋激烈的竞争中获得竞争优势。二是制造业企业在价值链环节的争夺上展开激烈竞争。部分制造业企业通过服务外包等途径，远离低附加值的价值链环节而向价值链的高端环节发展。而且，价值链的竞争已经渗透到区域经济发展中，同一产业或相似产业领域中各个企业通过垂直或水平整合而形成地方产业集群，已经成为目前区域经济发展的主导模式。这些产业集群或者主动地整合入或者被动地被整合入全球价值链或生产网络中，占据着一个价值链环节或生产节点，承担着一定的功能，从而成为价值链上一个个"价值中心"。由此可见，制造业企业之间的竞争逐渐演变为企业所加入的产业链之间的竞争。

在这两种趋势下，我国的制造业发展面临着以下三种困境。

一是价值链的低端锁定。由于具有良好的工业基础和先发优势，发达国家的跨国公司控制着制造业价值链两端的关键环节，诸如产品设计、研发、品牌营销等，而把非核心的零部件生产和装配等生产环节外包给发展中国家一些制造业企业。发展中国家制造业必须从国外进口先进技术设备以及关键零部件，或者从事一些非关键的生产环节，或者仅仅充当贴牌生产商。其结果是发展中国家的低端制造业严重依赖于发达国家。由于在交通、信息、人力资源和产业基础方面的优势，发达国家的跨国公司掌握了高端生产性服务企业的控制权。这些高端生产性服务企业获取了产业价值链上大部分的利润。制造业的低端锁定阻碍了我国生产性服务业的发展进程，致使生产性服务业和制造业不能实现良性的协同发展，而只能在低水平层次上互动。

二是以GDP为中心的增长模式难以为继。改革开放以来，我国实现了GDP的高速增长，但是以GDP为中心的增长模式带来了一些严重问题。如单纯追求

GDP 增长导致产业结构的低端化；高能耗、高污染给资源和环境带来沉重压力等。随着经济发展水平的提高、消费需求的升级，消费者对商品质量、品种多样化和个性化的要求日益提高，以 GDP 为中心的增长模式已经不能满足现代化的消费需求。由于以 GDP 为中心的发展模式忽视了经济结构对国民经济发展的作用，所以导致了我国经济增长严重依赖出口和投资、经济增长稳定性差、有效需求不足和产业体系不健全等一系列问题。这是我们在新时代必须解决好的问题。

三是 2008 年金融危机和全球经济萧条对中国经济和制造业产生了"倒逼"机制。在 2008 年金融危机的影响下，主要发达经济体或复苏缓慢而脆弱，或仍陷在萧条的泥潭之中。全球产能过剩已经成为常态，这无疑是我国经济转型的一种倒逼力量。在国内外因素的合力作用下，对制造业实施"去产能、去库存、去杠杆、降成本、补短板"的"三去一降一补"的举措则是必然的选择。

虽然我国制造业占世界市场的份额非常大，但生产性服务业的不发达却使得整个产业链的附加值不高，因而面临大而不强的窘境。随着印度、巴西、中美洲和东南亚等国家和地区的崛起，全球制造业中心逐渐呈现出向这些后工业化国家转移之势。由此可见，我国国民经济持续健康发展和经济结构转型很大程度上取决于制造业与生产性服务业是否能够协同发展。然而，我们面临的现状是，我国制造业与生产性服务业并没有形成良性互动关系。这主要表现在：首先，生产性服务业与制造业间的良性互动关系被割裂，对外依赖的制造业扩张反而抑制了本土生产性服务业的发展。我国很多制造业具有外向型特点，因而需要寻求国外生产性服务业的支持，这就必然导致本土高端生产性服务业的发展缺乏需求拉动，发展不足。其次，我国生产性服务业整体发展水平较低。总体看来，我国生产性服务业目前存在诸如业务较初级或低端、内部结构不合理、规模普遍较小、专业化水平不高、核心服务能力欠缺等问题，因此难以为制造业研发关键核心技术，难以为创立自主品牌提供有力支持。第三，较高的进入壁垒导致生产性服务业竞争不充分。不充分竞争的结果是，生产性服务业尚未形成满足我国制造业产业升级和提升制造业国际竞争力需要的压力机制。

基于制造业发展相对滞后的情况，我国政府已适时提出了"中国制造 2025"计划，并大力推进"供给侧改革"。在劳动力成本上升、资源环境约束日益凸显和新兴市场国家争夺发展机遇的背景下，产业转型升级、创新，向价值链中高端迈进，生产高质量高附加价值产品，全要素生产率提升等必然成为中国经济可持续发展的阶段性目标。在此背景下，生产性服务业和制造业的协同发展必然成为实现这一任务的重要政策举措。

（二）研究意义

本书的理论意义在于揭示生产性服务业与制造业协同发展的规律与机制。

当前，我国经济发展正处于阶段性转换的关键时期，制造业的转型升级是经济转型的重中之重，生产性服务业与制造业的互动也呈现出新的特征。因此，本书研究生产性服务业与制造业协同发展的规律与机制，试图为推进制造业转型升级并促进生产性服务业发展提供理论指导。生产性服务业之所以能够提高制造业的生产效率，一是因为生产性服务业能降低制造业企业的生产成本，二是因为生产性服务业的知识密集特征能改变制造业的生产方式并提升其产品价值。生产性服务业的发展源于制造业发展产生的需求，而生产性服务业作为制造业的中间投入，通过迂回生产等路径，一方面提高了制造业的生产效率和产品价值，另一方面使得制造业的产业链优化重组得以实现。现代产品已经越来越注重功能和个性化创新，这有赖于生产性服务业对制造业生产的渗透。我国现在正处在工业化转型升级阶段，由于传统的、依靠增加投入和扩大规模的粗放型发展道路是不可持续的，因此必须提高生产中资本、知识和技术的密集度，提高制造业的层次，必须走新型工业化道路。在实现新型工业化的过程中，研究生产性服务业与制造业协同发展的规律与机制，可为推进产业转型升级提供理论依据。

我国制造业是通过国际代工融入国际产业分工体系的，虽然"两头在外"的外向型发展模式曾在我国制造业发展中起过重要作用，但在发达国家控制全球产业价值链的背景下，这种发展模式已经越来越不利于我国制造业的发展。事实上，我国很多贴牌生产的制造业企业是跨国公司的一个工厂，在依赖国外先进技术和产品设计的情况下，本土制造业企业的创新意愿被长期抑制。有鉴于此，本书在探寻生产性服务业与制造业协同发展理论的基础上，提供一系列具有可操作性的、能够切实推进我国产业转型升级的政策建议，无疑具有重大的实践价值。

二、研究思路与内容

（一）研究思路

本书的研究思路如图 0-1 所示。

（二）研究内容

本书由理论研究和政策建议两大部分组成，共六章。理论研究部分包括第一至第四章，政策建议包括第五章、第六章。

第一章在基本概念界定的基础上，对生产性服务业与制造业的产业关联、二者关系的演进历程以及协调发展的相关研究及观点进行了梳理，对集聚经济视角下生产性服务业与制造业协同聚集的相关研究进行了回顾；同时，以生产性服务业与制造业协同发展为侧重点，分别诠释了产业分工理论、产业共生理论和产业集聚理论。

第二章从共生演化的基本要素、共生演化模型等方面探讨了生产性服务业与

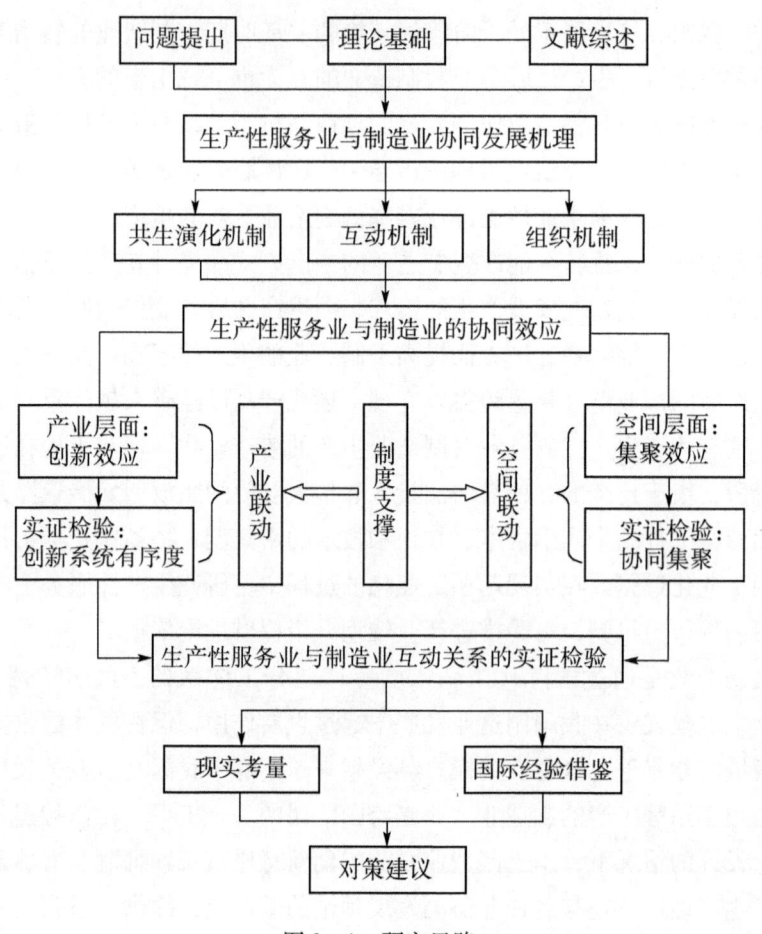

图 0-1 研究思路

制造业的共生演化机理;从生产性服务业推动制造业和制造业拉动生产性服务业两个方面阐述了生产性服务业与制造业的互动机制;从自组织和他组织两个角度分析了生产性服务业与制造业协同发展的组织机理。

第三章从集聚效应和创新效应两方面分析了生产性服务业与制造业协同集聚的形成机理,生产性服务业与制造业的产业联动、空间联动与协同集聚;生产性服务业与制造业协同创新系统及其运行机制,以及生产性服务业与制造业协同创新的演化博弈。

第四章以湖北省12个地市为例,分别对生产性服务业与制造业的协同集聚、协同创新进行了实证分析;通过构建面板数据模型,借助工具变量,采用二阶最小二乘法(2SLS)对生产性服务业与制造业的互动关系进行了实证分析。

第五章在分析美国、英国、德国、日本四国相关经验的基础上,总结出发达国家生产性服务业与制造业协同发展经验及其对我国的启示:重视中小企业创新能力的培育、推进生产性服务业的集群式发展、推动生产性服务的外包化、提升行业组织的活动能力。

第六章基于前文的理论分析和发达国家的经验启示，综合考虑影响我国生产性服务业与制造业协同发展的障碍因素，从四大方面提出了框架性的政策建议：提升生产性服务业与制造业的协同聚集水平、完善生产性服务业与制造业协同发展的创新机制、改善生产性服务业与制造业协同发展的市场环境、优化政府的指导和调控作用。

第一章 基础理论研究综述

生产性服务业与制造业协同发展是一个由来已久的实践问题，国内外学者对此已有大量研究，并积累了丰富的研究成果。同时，相关学科的理论对生产性服务业与制造业的协同发展问题也有很强的解释力。因此，回顾和梳理相关文献与理论是本书研究问题、展开分析的起点和基础。

第一节 基本概念界定

概念是作出判断，进行推理的基础。生产性服务业与制造业协同发展的研究涉及多个领域，而不同领域对同一个概念的界定又有一定差异。因此，本节试图厘清三个基本概念：一是生产性服务业，它是服务业的一个下级分类，是本书的核心概念之一；二是制造业，目前已经有比较成熟和一致的界定；三是产业协同，这是本书研究生产性服务业与制造业关系的目的所在。

一、生产性服务业的内涵与外延

服务业依据不同标准可以有不同的分类。从服务提供的对象来看，生产性服务业是服务业中的一个基本和重要的类别。

（一）服务业的内涵

学界对服务业的内涵尚未形成一致的观点。一般认为，服务业是这样一个经济部门，它为生产者或最终消费者提供服务。Gronroos（1990）强调服务的重要意义在于其使用价值，而非交换价值。实际上，是交换价值把服务提供的市场行为和非市场活动区分开来。Hill（1997）的观点避免了这一误区，他指出，能给其他经济主体或其产品带来价值增加才能称为服务业，否则是非市场行为。Gadrey（1994）从服务业特征的角度界定了服务业，他指出：服务不同于一般有形商品，一般商品的生产和消费在时间及空间上是可以分离的，而服务的提供与消费在时间上和空间上是同一的；服务不是一种有形的、具有空间独立性的物品，它是一种事物状态的改变，因此，服务的界定具有复杂性；服务业依赖提供者和使用者在时间和空间上一致的参与，难以实现高程度的规模经济，而且具有劳动密集的特征。Wood（1990）提出了服务业的若干特征：价值的依附性，即价值衡量有赖于其服务对象的产出状况;组织结构上,服务业具有被大型工业企业组织控制的趋势。从经济地理学和空间经济学的视角来研究服务业是国外近年的一个热点,学者们基于以上学科研究了技术革新条件下服务业贸易对区域经济及经济全球化的影响、后工业化社会中服务业的地位以及它给社会阶层变动带来的影响。

(二) 生产性服务业的内涵

"生产者服务业"(producer services)① 这一术语最早由 Machlup(1962)提出,他研究了一种特殊的服务类型,该种服务不是直接面向终极消费者的,而是作为中间产品或投入用来生产其他的有形产品或服务。他的局限性在于只认识到生产性服务业的知识密集性,把生产性服务业归结到知识产业的类型中。

随着产业分工的日益深化,后来的学者逐渐认识到生产性服务业的重要性,因而对生产性服务业的研究日益增多。国外学者主要从生产性服务本身及其功能、生产性服务的提供者和提供对象等方面对生产性服务业展开界定。生产性服务业是产业发展到高级阶段的结果,其上游是研发企业,下游连接着制造业。Greenfield(1966)从提供者和服务对象等方面界定了生产者服务,他指出:其一,生产者服务是组织向生产者提供的服务,这就将生产性服务与直接提供给消费者的服务区别开来;其二,生产者服务的提供者虽然主要是企业,但不局限于企业,政府和非政府公共组织等非营利性机构也可以作为生产性服务业的提供者;其三,同样是作为产品生产中间投入的服务,企业自产的服务不在生产性服务之列,外购是生产性服务的必要条件。Watts(1987)在服务对象上补充了 Greenfield 的界定,他指出,生产性服务并不是唯一提供给生产部门的,商业部门和服务业部门也是生产性服务的消费者。Grubel & Walker(1989)强调了生产者服务的提供者是私人组织,认定在私营市场上购买到的用于其他产品和服务生产的服务才称为生产性服务。Coffey & Bailly(1991)强调了生产者服务的功能,认为生产者服务是用以生产其他物品和服务的中间投入。

Browning & Singlemann(1975)从产业关联的角度定义了生产性服务业,指出,生产性服务业的功能在于向第一产业、第二产业和其他第三产业提供中间投入,微观服务对象是产品生产者,产品生产者可以是企业,也可以是拥有生产性资本的个人。Marshall & Wood(1987)界定生产性服务业的经营主体是私人组织,强调提供生产性服务是私人行为,此外,还基于产业划分的视角将生产性服务业的服务对象拓宽到商业。Goe(1994)基于产权的视角将生产性服务业的服务对象进一步拓宽,他指出,生产性服务业的服务对象应包含政府和其他非营利

---

① 本文将"生产者服务业"(producer services)与"生产性服务业"(productive service industry)视作同一个概念。

组织，其理由是，企业为消费者提供商品和私人服务，政府和其他非营利组织为居民提供公共产品或服务，二者提供的最终产品形式不一样，但其投入产出生产过程的性质是一样的。Harrington & Campbell（1997）认同生产性服务业的服务对象可以是公共组织，但坚持生产性服务提供者必须为私人企业的观点。

国内学者对于生产性服务业的认识以国外学者的相关研究为基础。李江帆（1990）、于维香（1993）、郑吉昌和夏晴（2004）、郑长娟和贝洪俊（2005）、毕斗斗（2009）都认为生产性服务业是为其他商品或服务生产提供中间投入的服务性产业。侯学刚、宁越敏（1998）把生产性服务业的服务对象限定于物质生产部门，刘志彪（2001）、刘绍坚（2007）则将生产性服务业的服务对象拓宽到商业部门和政府部门。现有国内文献对生产性服务业的功能为"中间产品"或"中间投入"这一点上没有异议，但在生产性服务的定义及其提供者和服务对象等方面则尚未达成一致意见。

（三）生产性服务业的外延

学者们在生产性服务业的内涵界定方面有着基本一致的见解，但在生产性服务业的外延界定上，则颇有争议。其原因在于生产性服务业所包含的行业过于复杂，分类体系标准多样，具体情况随行业、地区和国别不同而有所差异，并且随时间推移而产生动态变化。由于生产性服务业是从工业中分离出来的，所以，生产性服务的提供者中一类是独立的生产性服务企业，另一类是企业内服务于生产的职能部门。虽然两者在交易双方的产权独立性上有差异，但其在演化与动力机制上有共同之处，因此，学界持两种观点，一种观点把生产性服务业视为由专业从事生产性服务的独立企业构成，另一种观点把企业内部独立的生产性服务职能部门也包含在生产性服务业内。

一些学者认为生产性服务业由专业从事生产性服务的独立企业构成。Browing & Singlemann（1975）把保险、金融、会计、商业服务、工程与建筑服务都归结为生产性服务。Marshall & Wood（1987）认为生产性服务应包含金融、法律以及营销、广告、研发和其他企业管理环节。Marshall et al.（1987）进一步拓展了生产性服务业的外延，并将生产性服务业分为三类：与有形商品相联系的服务业，例如商品的销售、运输和存储，设备安装和保修；与个人相联系的服务业，例如清洁、医疗和教育；与信息处理相联系的服务业，包括营销、研发、财务、传媒等，这类服务业是发掘和分析数据和信息的。Markusen（1989）、Francois（1990）对于生产性服务业的外延界定与 Marshall & Wood（1987）基本相似，只是在其基础上做了小幅调整，Markusen 把管理和工程咨询加入到生产性服务业中，Francois 把咨询和信息处理服务纳入生产性服务业。

还有一些学者认为企业内部独立的生产性服务职能部门也包含在生产性服务

业内。Martinelli（1991）把生产性服务分为若干类型：与生产直接相关的活动，例如质量管理、产品和流程设计、作业计划、供应链和库存管理等；与生产组织、管理相关的活动，例如法律与管理咨询、数据分析、财务与会计等；与要素流通相关的活动，例如资金融通、员工招聘和培训等；与新产品开发和推广相关的工作，如研发和营销。MacPhersoln（1997）从产权的视角把生产性服务分为公共服务、私营服务。Bowen & Leinbach（2003）把生产性服务分为商业服务和基础设施，前者包括法律和管理咨询、产品设计和营销等，后者包括金融、房地产、运输和批发。Lundquist，Olander & Henning（2008）把生产性服务业归结为ICT服务业（营销管理、设计与咨询）、金融和法律服务，以及研发、设备管理和安全管理等。

可见，由于生产性服务包含范围太广，标准过多，学者们的界定难以统一。一些机构或官方文件也对生产性服务或生产性服务业的外延作了界定。美国统计局（BOC）把金融、保险、商业、法律和不动产等专业服务界定为生产性服务。美国商务部（BEA）把生产性服务的外延界定为金融、保险、职业教育、商业及生产技术和电子通讯。香港贸易发展局（2002）把生产性服务界定为金融、信息处理、中介、贸易相关、专业相关等服务。联合国贸易与发展会议（UNCTAD）将金融、保险、批发贸易、信息和技术界定为生产性服务。我国的"十一五"规划纲要将生产性服务业界定为金融、信息、商务、运输和物流这几类服务行业。

不同学者对于生产性服务及生产性服务业的外延界定各不相同，在界定方法上，也有三种视角。第一种是使用标准产业分类（SIC）体系，通过识别SIC中主要销售对象为企业而非最终消费者来界定生产性服务业。国外学者常用这种方法。Goe（1994）将生产性服务业界定为SIC中的一个子集，金融和保险、法律和会计服务、商务服务和房地产等行业被纳入其中。第二种是选择几种常见的服务行业代表生产性服务业，我国学者常用这种方法来界定生产性服务业。陈伟达（2009），江静、刘志彪（2010）都用这种方法对生产性服务业进行了界定。第三种是使用投入产出表，筛选出满足中间需求率较高的产业。Momigliano et al.（1982）以满足中间需求为标准，通过对投入产出表的分析从服务业中识别出生产性服务业。Goodman & Steadmann（2002）利用2000年美国的投入产出表，以40%和60%为界限，依中间需求率的高低将服务业分为消费者导向、生产者导向和混合性服务业。李冠霖（2002）以中间需求率50%为界限把服务业分为消费性服务业和生产性服务业。李善同、高传胜（2008）分别以中间使用率和非居民最终消费比率这两个指标界定狭义和广义的生产者服务业。以上三种方法各有其优缺点。第一种方法的缺陷在于SIC未能及时反映行业的投入产出变化；第二种方法虽然简单可行，但存在以偏概全的缺点，结论缺乏普适性；第三种方法是比较理想的界定生产性服务业的方法，因为它考虑了不同经济体的实际情况，同时反映了生产者服务在空间和时间上的异质性。

二、制造业

制造是人类适应与改造自然的重要活动，制造业以物质投入和产出为基本特征，同时具有产业链长、产业结构宽和产业关联性强等特点。制造业的这些特征决定了它和服务业尤其是生产性服务业的密切联系。

（一）制造业及其分类

制造业是为了满足市场需求，组织设备、原料、燃料、技术、信息和劳动等生产要素，生产工业品或消费品的各行业总称。制造业是国民经济的支柱，是城镇居民就业的主要渠道，是国家经济竞争力最重要的体现，是立国之本。制造业包含的门类庞杂、行业众多，消费品制造业、资本品制造业、轻工业、重工业、传统制造业和现代制造业，都是对制造业内部一些类别行业的称谓。统计机构和一些其他机构对制造业所属行业作了规定，但不同机构或文件对制造业的界定有差别，并无一个统一的划分标准。根据国家统计局 2003 年发布的《三次产业划分规定》，制造业可以分为 31 大类。根据中华人民共和国国家标准 GB/T 4754—1994，制造业包括 29 个行业，如表 1-1 所示。

表 1-1　中国制造业行业构成及编码

编码	行业名称	编码	行业名称
13	农副食品加工业	28	化学纤维制造业
14	食品制造业	29	橡胶制品业
15	饮料制造业	30	塑料制品业
16	烟草制品业	31	非金属矿物制品业
17	纺织业	32	黑色金属冶炼及压延加工业
18	纺织服装、鞋、帽制造业	33	有色金属冶炼及压延加工业
19	皮革毛皮羽毛（绒）及其制品业	34	金属制品业
20	木材加工及竹藤棕草制品业	35	通用设备制造业
21	家具制造业	36	专用设备制造业
22	造纸及纸制品业	37	交通运输设备制造业
23	印刷业和记录媒介的复制	38	电气机械及器材制造业
24	文教体育用品制造业	39	通信设备、计算机及其他电子设备制造业
25	石油加工炼焦及核燃料加工业	40	仪器仪表及文化、办公用机械制造业
26	化学原料及化学制品制造业	41	工艺品及其他制造业
27	医药制造业		

（二）制造业的特征

（1）产业链长，波及范围广。制造业与第一产业的根本差异在于，第一产业以自然存在或生长之物作为劳动对象，而制造业以经过人类劳动加工过的产品作为劳动对象，因而具有产业链长的特征。制造业所包含的行业门类众多，制造业不仅各个门类之间由于投入产出关系而关联密切，而且与作为其生产对象来源的农业以及作为其上游产业的生产性服务业也联系密切，因此，制造业的变动波及的范围较广。

（2）产业关联性强。一方面，一个产业的生产经营需要上游产业提供物质投入和生产服务；另一方面，该产业的产出可能又成为其他产业的投入品。美国经济学家里昂惕夫通过构建美国经济活动的投入产出表分析美国国民经济的产业关联，证实了产业之间存在密切联系。制造业是工业的主体门类，包含行业众多、行业之间关联紧密。技术和工艺上同源或相衔接的产业之间关联性非常密切，如装备制造业不仅涉及对机械设备的需求，而且涉及电子和零配件等配套产业的需求。制造业通过这种产业关联，形成了一个个庞大的生产体系。制造业内部子行业之间在供给链上的纵向关系有助于形成制造业自成长机制。制造业自成长机制是指制造业各子行业的成长推动制造业整体成长形成的良性循环机制。如装备制造业生产出各种机器设备供制造业中其他行业使用，这些行业的发展又增加了对设备的需求，从而刺激装备制造业的发展。再者，很多情况下制造业企业是以零部件为单位组织生产，主机生产企业和零部件的生产企业之间在生产规模、质量、技术标准和时间上要保持协调性。

（3）产业结构宽和知识性强。作为一种隐性的生产要素，知识始终伴随着制造业的生产过程，它以一定的形式附着在制造业的产品之中。知识还可以以某种形式作为要素经过一定过程的转换，或者变为直接的知识性产品，表现为技术专利、新工艺、新技术或新产品，或者是劳动生产率的提高或生产成本的下降。因此，知识可以提高制造业的劳动生产率和经济效益，促使制造业的投入产出形成良性循环。制造业组织劳动、土地、资本和技术等生产要素，经由设计、加工、组装、包装和运输等环节，把产品输送到消费者手中，具有很强的系统性。由于经济体之间资源禀赋的差异，形成不同要素密集度的产业，如资本密集型、劳动密集型、知识和技术密集型。但是，产品的要素密集度也会发生逆转，在一种要素相对价格下，X是劳动密集型产品，Y是资本密集型产品，但在另一种要素相对价格下，X可能变为资本密集型产品，Y变为劳动密集型产品。

三、产业协同

协同是自然和社会中的一种常见现象，学者在不断探索、认识这种现象的过程中形成了协同学理论。德国科学家哈肯（H. Haken）提出的协同学，研究的是由大量子系统以复杂的方式相互作用所构成的复合系统，协同是系统中诸多子系统的相互协调、合作或同步的联合作用、集体行为。协同理论认为，复杂系统内子系统间的相互作用决定了该系统的整体行为。自组织现象是复杂系统演化过程中的一种重要现象。自组织原理是在一定条件下，复合系统的子系统之间通过非线性作用产生协同现象和相干效应，形成具有一定功能的自组织结构[①]。复杂系统这种从无序状态到有序状态转变的现象，它们的相变和功能服从相同的基本原理[②]。哈肯指出，协同造就有序，有序结构出现的必要条件是子系统之间的"协同作用"。竞争与协同是自组织系统演化的动力，子系统之间的竞争使系统趋于非平衡。子系统之间的协同使某些运动趋势实现联合并逐渐占据主导地位进而支配系统的演化。

协同发展是指多个主体为达成某一目标，相互协作以实现共同发展的双赢效果[③]。协同效应是复杂系统中子系统间协同作用而产生的一种互塑共生的状态，形成"1+1>2"的效能，即子系统之间通过特定的方式相联系，达到子系统简单相加所不能达到的效果。技术进步和分工是经济发展的两大推动因素，技术进步和分工又是相互推进的，技术进步促进产业分工的精细化。产业协同就是要促进产业合理分工，提高产业系统内各子系统间的动态耦合性，构建动态均衡的产业系统。产业内跨企业的协同、跨产业协同、产业主体间协同是产业协同的三种形式[④]。

从现有的研究成果看，以协同学理论为基础的产业协同，并无统一的解释。徐力行（2007）指出，产业协同是各产业子系统相互耦合，在时间、空间或功能上有序结合的过程。他指出，产业协同的关系一般是产业之间通过投入产出关系相联系的纵向关联。张淑莲（2011）认为产业协同是区域产业系统在各种因素的作用下，各产业或产业集群相互分工协同形成一个有序的产业链，并实现"1+1>2"整体效应的过程。魏丽华（2015）认为，产业协同是不同企业在生产、销售、技术和管理等环节相互协作以实现1+1>2的协同效应的过程。她认为，产业协同可以发生在同一产业内部，也可以发生在不同产业之间，其基本途径是"外部交易内部化"和"内部交易外部化"。笔者认为，产业协同是在资源、经济、科技和文化等因素的作用下，产业或产业群彼此之间协作形成一种有序结构的过程，表现为一种以投入产出关系为纽带的上下游产业间的纵向关联。

---

① Jon B. Thornberry. competition and cooperation: A comparative analysis of SEMATECH and the VLSI research project [J]. Enterprise & Society, 2002, 3 (4): 657–686.
② 曾健，张一方. 社会协同学 [M]. 北京: 科学出版社，2000: 19–20.
③ 赫尔曼·哈肯. 协同学——大自然构成的奥秘 [M]. 上海: 上海世纪出版集团，2005: 100–118.
④ 王兴明. 产业发展的协同体系分析 [J]. 经济体制改革，2013 (5): 102–105.

第二节 研究现状述评

近年来,"协调发展""协同发展"等概念频繁出现在政府工作报告和学术文献中,但人们对于"协同发展"并未形成统一的认识,不同学者的观点也存在诸多分歧。本部分基于产业经济学、新经济地理学、产业集群理论、博弈论等学科或理论的最新研究成果,从产业关系演进、产业关联和协同集聚的角度对生产性服务业与制造业协同发展的相关研究进行系统梳理。

一、生产性服务业与制造业关系的演进

生产性服务外部化与制造业服务化,是生产性服务业与制造业关系演进的两种基本表现形式。

(一) 生产性服务外部化

生产性服务业的产生和发展经历了一个从"附属"到"独立"的过程。在制造业发展的初级阶段,由于市场规模较小、交易成本较高,专业化分工程度较低,分工更多地出现在企业内部,因此,生产性服务一般由制造业企业自己提供。随着制造业产品市场需求的增加,制造业生产规模不断扩大,产业分工协作日渐精细化。于是,经济系统中开始出现专业提供生产性服务的企业,这些企业逐渐形成了生产性服务业。

学者们依据不同理论,从不同角度对生产性服务业的形成、发展过程和趋势进行了解释。

1. 基于古典经济学分工理论的解释

古典经济学极其重视分工在社会经济中的作用。亚当·斯密认为,专业分工是社会财富的源泉。生产性服务外部化是社会分工深化的一种表现,生产性服务业的产生与发展体现了制造业领域的专业化分工不断扩大与深化。奥地利学派认为,生产过程的重组和迂回能有效地提高生产力,因为,更加迂回的生产过程需要更多的资本和更为专业化的劳动力,并且增加了中间投入的数量。Grubel & Walker(1993)利用这一理论诠释了生产性服务业与制造业的关系,认为生产性服务业能将人力资本和知识资本导入制造业生产过程之中,而这两种资本对于提高生产率是大有裨益的。薛立敏等(2013)深化了这一观点,提出生产性服务业通过提供知识和技术来提高制造业生产的迂回度,进而提升其他生产要素的生产效能。因此,在产业分工日渐深化的背景下,不同生产要素或生产环节之间的联结方式对于生产效率的影响越来越大(顾乃华,2006)。

除了增加制造业生产过程的迂回度,生产性服务业还能通过中间投入这样一

种路径影响制造业。Ethier（1982）利用 Dixit & Stiglitz（1982）建立的 D–S 效用函数构建了一种特殊的生产函数。他研究发现，新产品的引进能提升制造业厂商的生产率，通过增加中间投入品的种类可以创造竞争优势。这个结论对于那些既无资本和技术优势，又无资源优势的经济体来说，对其改变自身在国际分工体系中的弱势地位具有重要的实践指导意义。但 Ethier 并未指明中间产品是物品还是服务。

生产性服务具有知识和技术密集的特征，其生产具有固定成本投入大、边际成本低的特点。Markusen（1989）基于这一点，在 Ethier 的研究基础上，将生产性服务作为中间投入引入模型。他的研究结果表明，分工的深化可以扩大生产性服务业的供给范围，并且能推动生产性服务业内部的专业化，加大服务的差异化和多样化。顾乃华（2006，2010）、江静（2007）用面板数据对生产性服务外部化能提升生产率这一命题进行了实证研究，证实了该结论的正确性。

2. 基于交易费用理论的解释

生产性服务的外部化虽然是社会分工深化的结果，但更深层的原因在于分工背后的成本和收益差异（陈宪、黄建锋，2004）。交易费用理论能更准确地阐释生产性服务的外部化。交易费用理论认为，交易可以在科层组织内部进行，也可以在市场中进行，市场交易的边际成本与企业内部协调管理的边际成本的相对大小决定了企业的边界。Bhagwati（1984）认为，生产性服务业被分离出来是企业基于成本–效率的理性选择。在规模经济的作用下，独立的生产性服务企业的生产成本低于各个制造业企业自身单独提供的成本，提供生产性服务的科层内边际组织成本高于市场交易的边际成本。Beyers（1996）也持类似观点。他指出，成本考量是制造业将服务外包的最重要决定因素。当市场交易成本低于制造业企业自行组织相关的生产性服务的成本时，外包成为一个具有经济效益的选择；他还指出，降低风险、适应市场需求变化和专注于核心技术等非成本因素，也是制造业企业将生产性服务外包的重要原因。制造业企业生产日益柔性化也是生产性服务外包的重要推动因素（Goe，1990；Coffey & Bailly，1992），此外，服务"标准化"程度的提高和服务业自身的特征——资产专用性低，也都促进了生产性服务外部化的进程（郑吉昌，2004）。

3. 基于产业集群理论的解释

同一行业或关联紧密的工业企业往往集聚在一个临近的地理区域内，这种现象被称为产业集群。这是由于产业关联紧密的企业为寻求外部规模经济、降低信息不对称以及资源共享等原因形成的。相对于分散的制造业企业而言，独立出来的生产性服务企业为制造业产业集群提供服务的成本要低得多，这也是生产性服务业外部化的重要促成因素。另一方面，分离出来的生产性服务业可以利用集聚带来的企业交流的便利性，加强与集群内其他企业在各方面的交流，形成学习效应。Hansen（1990）、Coffey et al.（1991）强调了外部规模经济在生产性服务外部化过程中的作用。也有学者强调生产性服务外部化过程中内部经济的作用。Markusen（1989）指出，生产性服务业的知识密集特征使其呈现垄断竞争的市场结构；Bayers（2003）的实证研究证实了这一结论，他认为，技术人员的匮乏与规模过小是生产性服务外部化的最重要的原因。

（二）制造业服务化

学者们关于制造业服务化的认识基本一致，即制造业服务化就是制造业由单纯的物品提供者转变为服务提供者。Vandemerwe & Rada（1988）最早从制造业产品定位转变的角度提出"服务化"，即制造业由仅仅提供物品或"物品＋附加服务"向"物品—服务包"转变。Fishbein et al.（2000）提出了"产品—服务连续区"的概念，它是处于"卖产品"和"提供服务"两极之间的那些交易模式，包括"物品＋服务"、资本性租赁、维护性租赁、租赁及附加服务和"卖功能"等形式。White（1999）、Reiskin et al.（2000）认为，制造业服务化是制造业企业的角色转变，从单纯的物品提供者转变为服务提供者，包括产品功能服务和产品扩展服务。Toffel（2002）认为，服务化是制造业的一种新兴业务模式，其典型形式是，在销售过程中，只是产品使用权发生了转移，而产品所有权不发生转移，客户根据使用情况向制造商付费。Szalavetz（2003）认为，制造业服务化具有两层含义：服务的重要性超越了技术、人力资本和资本存量等传统因素；"物品—服务包"较之于过去简单的售后服务，在内容上加入了运输、安装、融资等活动。

关于制造业服务化的动因，大致有三种观点。第一种观点认为，制造业服务化是为了获得差别化的竞争优势。企业在产品价值链中的位置关系到企业的市场竞争力，企业在价值链上的差异是形成产品差异化的重要源泉。通过在产品中融入服务，制造商可以调整自身在产品价值链中的位置，从而得到新的商业机会。Vandemerwe & Rada（1988）研究发现，许多企业高层管理人员把服务过程创新作为开拓商机的重要路径，因为服务有助于企业形成差异化竞争优势。Robinson et al.（2002）对化学品行业进行了实证研究，表明服务化是成本导向的传统行业实施差异化的重要途径。Brown（2000）指出，激烈的竞争促使制造业企业寻求通过提供优良服务以形成自身的竞争优势，因为增加服务能使企业的产品更具吸引力。第二种观点认为，制造业服务化是为了增加收益。Wise & Baumgartner（1999）认为，企业很大一部分收益来自于产品整个生命周期的顾客群，对于生命周期较长的产品，在整个生命周期内由服务产生的收益要远大于产品的营业收益。Mathieu（2001）指出，在服务活动中融入产品能降低现金流的脆弱性和易变性，并有助于提升企业价值。Oliva & Kallenberg（2003）认为，服务具有的无形性、劳动密集性和难以模仿性等特征使得服务成为制造商创造竞争优势的重要源泉，也是制造商将服务整合到核心产品中的经济原因。第三种观点认为，制造业服务化是为了满足顾客需求。Gronroos（1998）指出，在日趋激烈的商业竞争中，一些企业为寻求竞争优势，将注意力放在建立和维持客户关系上，它们从提供单纯的有形产品转变为提供包含多样化的服务在内的一整套产品，以满足顾客对价值提升的要求。Brown（2000）、Looy et al.（2003）和 Oliva & Kallenberg（2003）等学者也持有相同的观点。

学者们还对制造业服务化的演进进行了研究。Vandemerwe & Rada（1988）把制造业的服务化过程分为三个阶段：一是"产品或服务"阶段，此时，企业要么把自身定位于产品制造商，要么定位于服务提供商，二者不产生交叉；二是"产品+服务"阶段，随着技术革新和竞争的剧烈化，企业为寻求差异化竞争优势，在提供产品的同时附加一些服务；三是"产品+服务包"阶段，在这一阶段，制造业企业通过提供更加丰富的附加服务进入新的市场，而服务业企业则从单纯的服务提供者转变为将服务融入产品中的新型服务提供商。White（1999）在 Vandemerwe & Rada（1988）研究的基础上分析了服务化延伸的演进历程，他指出，服务化的演进包含"产品"—"产品+附加服务"—"产品+服务包"—"基于产品的服务或功能"这四个阶段，他认为，提供完全的服务契约才是制造业服务化的最终形态。Oliva & Kallenberg（2003）又把制造业服务化的演进过程修改为一个线性闭集，产品和服务分别位于该闭集的两端，提供了一个清晰的从纯生产到卖服务的转变模型。

二、生产性服务业与制造业的产业关联

产业之间的关联有四种类型。一是技术关联。投入产出关系是不同产业之间最根本的关联形式，每个产业的生产运营都需要其他产业提供中间投入，同时它也可能作为中间投入品用来满足其他产业的需要。比如，采矿业为冶炼业提供铁矿石，冶炼业为收割机厂提供钢铁，收割机厂又为农业提供生产资料——机器设备。可见，一个产业在生产规模、产品结构、生产技术等方面的变化都会引起其他产业的联动。二是价格关联。产业间的投入产出关联派生出产业间的价格关联。A 产业的产品是 B 产业的投入，因此，A 产业的价格成了 B 产品生产成本的一部分。产业间的价格关联非常重要，因为价格是市场机制的核心。三是就业关联。产业关联影响劳动力在产业间的配置，一个产业的发展引起相关产业的发展，从而导致相关产业的就业机会增加。四是投资关联。投资关联即不同投资对象具有内在联系，这是由产业价值链决定的。由于产业关联的存在，任何一个产

业不能独立地实现发展，相关产业的协同发展是其得以发展的重要条件之一。例如，一个经济体的电子商务业的发展，在很大程度上取决于物流快递业的发展程度，而物流快递业的发展又取决于交通基础设施的发达程度。

基于上述产业之间的四种关联类型，以及生产性服务业与制造业的需求与供给关系，本书将现有文献关于生产性服务业与制造业的产业关联的理论见解梳理成以下四种观点。

（一）需求拉动论

生产性服务业从制造业中分离出来后，其功能还是为制造业提供生产性服务。"需求拉动论"意指制造业在两大产业关联中占主导地位，认为制造业自身的扩张和增长产生了对生产性服务的需求，因而引导生产性服务业的发展。Cohen & Zysman（1987）指出，制造业是经济增长的基础，生产性服务业以制造业为需求来源，是制造业的附属和补充，依靠制造业的发展而发展。Riddle（1986）认为，服务业（主要指生产性服务业）为经济交易提供便利，是促进商品生产的重要推动力，他还通过模型分析了服务流在采掘工业和制造业中的作用。Francois（1990）认为，随着制造业厂商数量的增加和生产规模的不断扩大，制造业的分工日渐精细化，生产性服务业便从制造业中分离出来。Guerrieri & Meliciani（2003）对6个经济合作与发展组织（OECD）代表性国家的统计数据进行了分析，认为制造业是生产性服务业的主要需求部门，生产性服务业的发展程度和竞争力取决于制造业的发展水平。

（二）供给推动论

当生产性服务业日益壮大时，生产性服务业对制造业发展的影响逐渐增强。"供给推动论"强调生产性服务业对制造业的支撑作用，认为生产性服务是制造业规模扩大和竞争力提升的基础条件。Riddle（1986）认为，生产性服务业有助于促进经济交易，刺激商品生产扩大，能够促进其他经济部门（包括制造业）的增长。Grubel & Walker（1989）认为，生产性服务业能促进制造业的专业化，并通过提高资本投入和知识的密集度来提升制造业的全要素生产率。Markusen（1989）认为，生产性服务业一般都是人力资本和知识资本密集型的，有助于制造业产品的多样化，且能借助自身的规模效益来提高制造业的生产效率。Faeel & Hitchen（1990）指出，发达的生产性服务业是制造业提升劳动生产率和产品竞争力的前提和基础，一个经济体生产性服务业发展水平的高低直接影响制造业生产效率和竞争力的提升。Hansen（1995）认为，在信息导向日益增强的现代经济中，生产性服务业的增长深化了劳动分工并产生外部经济，使得被服务的制造业获得递增的规模报酬。Markusen（1997）认为，生产性服务是制造业的中间投入，并以此为重要假设建立数理模型，揭示了服务业对制造业和经济增长的贡献。Grubel & Walker（1998）认为，信息、知识、技术和劳动者技能等是提高制造业劳动生产率的重要要素，生产性服务业将这些要素传递给制造业，从而决定了制造业企业的比较优势。Karaomerlioglu & Carlsson（1999）认为，生产性服务业对于信息、生产知识、生产技术和技能的传输具有重要作用，有助于制造业生产效率的提升和核心竞争力的形成。Coffey（2000）指出，在经济系统中，生产性服务业在投资、创新和技术进步中起着重要作用，它能够提高制造业生产过程中其他投入要素的效率，并增加产出价值。Pappas & Sheehan（1998）、Eswaran & Kotwal（2002）指出了生产性服务部门的增长促进制造业发展的两条路径：一是促进产业体系的进一步分工；二是降低制造业的服务成本。

（三）互动论

"需求拉动论"和"供给推动论"都只是从制造业或生产性服务业单方面来阐述二者关系，有失于全面性和系统性。"互动论"则强调生产性服务业和制造业的双向关联，认为二者是相互作用和共生发展的关系。这一论点较之前两种论点更加科学。Quinn et al.（1988）比较系统地阐述了生产性服务业与制造业的互动关系，他指出，制造业是服务业的需求者，服务业降低了制造业的生产成本，进而为制造业开拓了需求，提高了制造业产品的附加值，从而提升制造业对市场需求变化的应变能力。Park & Chan（1989）认为，随着市场需求的扩大，制造业的规模扩大使得对生产性服务业的需求增加，从而促进生产性服务业的发展，而服务业的发展反过来又促进制造业的发展和升级。Francois（1990）认为，生产性服务业与制造业是互动关系，技术变化引起的"垂直分离"使二者的相互依存程度不断提高。Hansen（1990）从创新的角度阐述了生产性服务业与制造业的互动关系，他指出，制造业的技术创新引发服务业的创新，而服务业的创新反过来又刺激制造业的生产创新。Bathla（2003）指出，一方面制造业的发展通过对生产性服务的引致需求拉动生产性服务业的发展；另一方面，具有知识密集特征的生产性服务又能促进制造业生产效率的提升。持互动论观点的学者普遍认为，制造业形成对生产性服务的中间需求，从而拉动生产性服务业的发展，而生产性服务的发展降低了制造业的生产成本，提升了制造业的产品价值。

（四）融合论

"融合论"是关于生产性服务业与制造业互动关系论述中的前沿观点。融合论认为，随着信息技术的发展和经济全球化的加速，制造业产业链和价值链的整合成为必然趋势，在这种趋势下，服务业和制造业的边界逐渐变得模糊，出现了产业融合的趋势[1]。Lundvall & Borras（1998）、植草益（2001）认为，随着电子

---

[1] 张凤. 论现代服务业与制造的产业融合［A］. 第二届中部商业经济论坛论文集，2008，06：1-6.

通信技术的进步,生产性服务对制造业产业链的渗透使得两个产业部门通过产业链整合实现了融合发展。Porter(2001)指出,新经济本质在于信息技术革命导致的产业整合,新经济与旧经济的结合使得 IT 企业与传统企业的界限趋于模糊和消失。Goldhar & Berg(2010)研究发现,在后工业化时代,传统制造业具有了愈来愈多的服务特征,如定制、柔性和便捷等,而生产性服务业却具有了愈来愈多的传统制造业特征,如标准化和自动化等。Tien(2011)指出,随着制造业生产组织模式由大规模生产向大规模定制的转变,制造业的柔性不断提高,它促进了服务和制造的结合,使得产品和服务的界限日渐模糊,出现了"服务产品"这一新业态。

三、生产性服务业与制造业的互动效应实证分析

关于生产性服务业与制造业互动效应的实证分析,国外学者研究较早,并且多采用投入产出法。Se – Hark Park(1989)借助投入产出表,并运用依赖度指标,测度了 1975—1985 年中国、韩国、日本、马来西亚等 8 个太平洋地区国家生产性服务业与制造业的互动关系。Karaomerlioglu & Carlson(1999)对美国 1987—1994 年投入产出情况进行了分析,认为在此期间制造业使得生产性服务业需求扩大一倍。Guerrieri & Meliciani(2006)通过分析 OECD 的 6 个典型国家投入产出情况,得出制造业是生产性服务业需求的主导力量,并深刻影响着其发展程度与国际竞争力高低。

在国内,生产性服务业与制造业的互动效应实证研究近年来才兴起。大多数学者较为乐观地认为二者存在紧密的互动关系,制造业拉动了生产性服务业需求,生产性服务业促进了制造业竞争力的提升。但也有相反的观点,认为我国目前生产性服务业与制造业的关联程度仍然不高、相互贡献度还有待加强。

从正面观点来看,雷小清(2007)运用 I – O 结构分析模型对我国生产性服务业增长的影响因素进行了分析,发现来自工业的需求起着至关重要的作用。宋乐伟(2007)通过分析世界产业转移规律和产业分工理论,实证研究了我国生产性服务业与制造业的互动关系,认为二者存在明显的互动关系,生产性服务业增加值每提高一个百分点,制造业增加值将平均提高 3.16 个百分点。江静等(2007)运用中国 1998—2004 年地区面板数据以及 1993—2003 年行业面板数据,认为生产性服务业有效促进了制造业效率的提升;生产性服务业的细分行业,如交通运输、仓储和邮电通信业对劳动密集型行业影响最为明显,资本密集型行业的效率提升在很大程度上受金融保险业发展的影响,科学研究对技术密集型行业影响最大。韩德超(2009)却认为,江静等未考虑内生性问题,其结论缺乏说服力。为了克服生产性服务业与制造业间的内生性问题,他选择了变量 ECM 模型,

对我国1987—2006年生产性服务业与制造业间的互动关系进行深入分析。其研究结论为，生产性服务业与制造业间不仅存在一种稳定的均衡关系，而且以制造业发展促进生产性服务业发展为主，即生产性服务业与制造业互动关系的"需求拉动论"。但从短期看，我国制造业和服务业是互为发展的关系，即"互动论"与我国实际情况契合。

与此相反的观点认为，由于我国市场机制不完善等原因，我国生产性服务业与制造业互动效应较低。顾乃华等（2006）认为，生产性服务业增加值每增长1%，可促进制造业的效率提高0.022%，虽有促进作用，但效果比较微弱。从地区和行业来看，东部地区生产性服务业和金融保险业对制造业竞争力的促进作用最为明显。时春红（2011）以2000—2008年广东省制造业的面板数据为例，分别从整体制造业、传统制造业和先进制造业角度，实证分析了生产性服务业与制造业竞争力的关系，验证了广东省生产性服务业支持了制造业效率提升，但效力很弱，这与广东省制造业"两头在外"的产业结构形态有密切的关系。黄莉芳（2011）使用I-O法，对物流、金融等生产性服务业和制造业的互动关系进行实证分析，认为目前我国制造业对生产性服务业的需求拉动效果不好，难以有力促进我国制造业向国际价值链高端攀升；究其原因是我国制造业主要以劳动密集型为主，服务业处于"数量扩张"阶段，本身发展较落后，两者处于低水平的互动发展，服务业增加值对制造业增加值的贡献度还不明显。

四、集聚经济视角下生产性服务业与制造业的协同发展

（一）产业协同集聚研究

产业协同集聚的思想渊源可以追溯到Marshall（1890）关于企业区位选择的研究，这是最早关于产业关联与分工导致集聚的论述。Marshall发现一些企业在区位选择上倾向于紧邻在一起，他认为，这是出于劳动力共享、中间投入和知识外溢的考虑，客观上，这些企业在地理上的集中实现了外部经济。通过Marshall和Krugman等学者的开创性工作，空间分析在产业问题研究中占有越来越重要的地位，但产业协同集聚的早期研究都是基于经典的外部经济理论和"中心－外围"模型进行分析的。Venables（1996）首次把产业关联作为重要考虑因素建立了纵向关联模型，从投入产出关系的角度解释了关联产业在区位上协同集聚的原因。Villar & Rivas（2001）在"中心－外围"模型的基础上增加了生产性服务业，得出了生产性服务业集聚于中心城市，制造业集聚于外围的产业空间分布格局。

此后，有众多学者对关联产业的协同集聚进行了研究。Anti（2005）基于赫－俄理论对产业链上下游企业的区位选择进行了分析，发现贸易成本是促使垂

直关联产业协同集聚的重要原因。也有学者认为税收竞争也是导致垂直关联的上下游企业协同集聚的原因（Kind et al.，2000）。Koh（2009）建立 2 国 3 部门模型分析了存在横向关联的产业协同集聚问题，依然得出了中间产品和最终产品行业产生协同集聚的结论。

（二）生产性服务业与制造业的协同集聚

生产性服务业与制造业存在投入产出上的垂直关联，因此它们有必要在区位上彼此紧邻，以节省交易成本。Andersson（2006）基于生产性服务业与制造业的投入产出关联采用联立方程模型对二者的协同集聚效应进行了研究。Kolko（2007）选取劳动存量、产业关联、产业相似度和知识外溢等因素作为变量，基于三个地区层级对美国的生产性服务业和制造业集聚现象进行了研究，结论表明，生产性服务业和制造业两者在集聚上呈现较大程度的拟合趋势。Ramasamy & Yeung（2010）研究发现，服务业 FDI 具有跟随制造业 FDI 的倾向。Kollo（2007）则指出，在市场一体化或信息技术进步等条件下，生产性服务业和制造业会实现远距离的"分离式集聚"。

国内学界对于生产性服务业与制造业空间分布问题的研究起步较晚，一些学者对此进行了有益的探索。赵放（2012）以物流业作为生产性服务业的代表构建了一个空间经济学模型，阐释了制造业与物流业的协同集聚机理。

综上所述，国内外学者基于产业和空间两个层面，对生产性服务业与制造业的协同发展进行了丰富的、有价值的研究。学者们关注度较高的研究领域有：生产性服务业与制造业的产业关联、生产性服务业对制造业发展的影响、生产性服务的外部化、制造业的服务化、生产性服务业与制造业的融合、生产性服务业与制造业的协同集聚。

在产业层面上，关于生产性服务外部化、生产性服务业与制造业的产业关联以及生产性服务业对制造业发展的影响，已有比较充分的研究。一方面是因为相关的理论基础比较坚实，另一方面是有丰富的实践数据支撑。产业分工理论、产业结构理论和交易成本理论都从不同角度为生产性服务外部化提供了理论解释。现有研究都是基于产业关联分析生产性服务业与制造业的关系以及二者相互影响的作用机制。产业关联的层面有很多，就关联的载体来说，有资本、信息、人力和技术等。现有研究基于技术关联的生产性服务业与制造业协同的深入研究不多，基于创新视角的生产性服务业与制造业协同的研究更少。本书将利用演化博弈模型分析生产性服务业与制造业协同对创新的促进作用及其演化路径。

在空间层面，现有研究大多是基于产业集群展开的。由于运输成本的降低和规模经济的影响，企业的成本结构发生了改变，传统的产业分工理论和交易成本理论已经难以解释新的经济现象，因此，学者们依据新经济地理学理论，从集聚视角对生产性服务业与制造业的关系进行了研究。目前，这一领域的研究虽然比较丰富，但主要集中在生产性服务业的区位选择问题、制造业集聚对生产性服务业的影响以及生产性服务业集聚对制造业的影响这些方面，而关于生产性服务业与制造业协同集聚及其集聚效应的研究很少。这也为本书从产业集聚的视角分析生产性服务业与制造业的协同发展留下了研究空间。此外，与传统产业组织理论指导下的研究路径不同，生产性服务业与制造业在空间层面的关系不同于它们之间的产业联系，二者并不遵从"需求主导—供给主导—互动—融合"的发展路径，它们的空间联系是交互式的。本书将利用改进了的垂直关联模型分析生产性服务业与制造业在空间上的协同集聚，以探索生产性服务业与制造业协同集聚的规律。

第三节　基础理论

经济发展实践表明：随着经济增长和生产要素跨国流动的日益频繁，产业分工呈现出细化、融合等阶段；产业在空间上的集聚，有助于形成规模化的需求与供给能力，进而促进生产性服务业与制造业协同发展；生产性服务业与制造业作为宏观经济系统中的两个子系统，它们互为环境要素，二者的共生与良性互动是其协同发展的前提条件。产业协同发展是一项复杂的系统工程，组织是其有序推进的保证。因此，本书视产业分工理论、产业共生理论、产业集聚理论为生产性服务业与制造业协同发展的基础理论。

一、产业分工理论

产业分工及其发展以及专业化程度的提升是社会经济进步的重要标志，也是社会步入较高发展阶段的必然结果。产业分工的不断细化推动了产业结构的转型升级。Adam Smith（1776）从扩大劳动空间范围、节约非生产性费用、提高劳动者操作熟练程度等方面总结了产业分工的积极作用，并认为产业分工能有效实现规模报酬递增，是经济增长的重要源泉。Young（1928）从生产要素投入与要素组合的角度对经济发展的实质进行了说明，指出了迂回生产的积极作用。我国学者盛洪（1995）从产业分工的五种形态（部门间的产业化、产品的专业化、零部件专业化、工艺专业化、生产服务专业化）指出了其演变路径。

从产业分工的发展阶段来看，一般认为有产业细化、产业融合和产业共生等几个阶段。这里主要阐述前两个阶段，由于产业共生理论的特殊性，将在后面专门讨论。

(一) 产业细化

随着科学技术的不断进步，新经济、新模式、新业态不断涌现，产业分工也向细化、深化和国际化演进，并深刻地影响着产业结构。从社会生产来看，社会产品的日益复杂和丰富导致产业链的不断延长，"迂回生产"愈加明显。奥地利学者 Eugen Bohm - Bawerk (1899) 用"迂回生产理论"说明，在一个产业链条中，先生产生产资料，再通过生产资料生产消费商品，即上一阶段的产品都是组成最终产品的中间产品；一个产品的生产链条越长，涉及的中间产品就越多，对于产业分工的需求也就越大。在"新经济"下，社会新产品层出不穷，产品向精密化、高端化、复杂化发展，产业链条越来越长；同时，需求的增加、便捷的交通以及企业生产规模的扩张，使得市场容量和范围不断扩大，社会分工日益精细，企业对中间产品和中间服务的需求也与日俱增，其结果是在产业层面上形成了产业集聚；最终产品越精密、高端、复杂，需要共同配合以完成生产的产业链企业数量和种类越多，生产出的中间产品也越多。随着中间产品需求的不断扩大，与之相关的跨行业、跨门类的中间产品与服务逐渐独立，新的行业与部门产生了。这就是产业的细化。

20世纪90年代以来，新科技尤其是信息技术的迅猛发展，加快了产业深化和国际化进程。从产业分工深化角度来看，信息技术导致经济协调机制转变，有效地降低了交易成本。信息技术减少了信息传递时间和交易成本。双向的、直接的、全天候的信息传播机制，极大地改善了信息分布的离散和非对称现象，促进了产业集聚和产业协调机制的形成。从产业分工国际化角度来看，信息技术超越了时空界限，使得全球范围内的资源配置与产业分工成为可能，产业分工国际化因此兴起并迅速拓展。市场规模扩大所产生的供给方规模经济和需求方规模经济，进一步推动了产业集聚，使得更高水平和更低成本的专业服务成为现实。

由此可见，在信息技术革命的引领下，社会生产方式进而产业协同正在发生重要变化，在市场主体扩大市场范围、实现低成本高质量生产的驱动下，产业分工与协调的内在动力不断增强，这在客观上促进了生产性服务业与制造业的协同发展。

(二) 产业融合

产业分工不断细化，使得原隶属于制造业的服务环节独立出来，并成为一个单独的服务供给主体；但另一方面，制造业的产品生产及其工艺流程则内在地需要原有服务环节的参与。因此，生产性服务业所提供的产品或服务作为制造业的中间投入要素是必不可少的。为了满足制造业对生产性服务中间投入要素的需求，促进制造业高端化发展，降低生产成本，提高效率，产业融合很自然地成为产业分工细化后的新的发展趋势。

产业融合涉及不同要素在产业间的融合，包括技术融合、需求融合、管理创新、纵向融合等诸多内容。为促进产业融合，政府需要适度放松市场和产业管制，鼓励技术创新和交流、鼓励商业模式创新。

1. 技术融合

技术融合是指不同领域的多项技术彼此渗透，相互交叉，并由此产生新技术的过程。不同技术的融合，是以其所共同具有的信息条件和技术基础为前提的。当前技术融合的一个明显特征是信息技术与工业技术相融合，其结果是产生了一系列技术群，促进了科学技术的进步，也推动了产业协同的发展。根据信息化发展程度的不同，技术融合分为前、后两个阶段，并具有不同融合特征。在20世纪90年代信息产业革命发生之前，不同产业具有特定的技术组合和技术边界，规定了其提供的产品及方式，技术进步主要发生在既有的技术边界内。随着信息化的发展，信息技术的大规模应用，在原有技术边界的交叉处频繁地出现了技术融合，并引起了技术边界的对外扩张。近年来，我国提出了"互联网＋"战略，并强调"供给侧改革"，组织研发力量利用前沿技术组成若干技术集群，如制造技术与其他技术融合，产生智能输送技术、工业机器人技术、3D打印技术等制造技术群；电子信息与其他技术融合，产生光电子技术、可穿戴设备技术、工业软件技术、北斗导航技术等信息技术群；生物技术与其他技术融合，产生生物医药技术、生物传感器技术、生物农业技术、生物制造技术、生物能源技术等生物技术群。

技术创新是产业的黏合剂，加速了产业之间的融合，并持续催生新产业、新模式、新市场、新业态等，同时也可能导致某些传统产业和传统模式的消亡。如数据成像技术的快速发展和大规模应用，使得数据成像技术、信息技术、摄影技术能够有效融合，形成新的电子成像产业，导致数码相机产品普遍应用，直接给以科达、乐凯等公司为龙头企业的胶卷产业以毁灭性打击；无线电技术的发展及其与通信技术相融合，形成无线通信技术，导致移动电话的普遍应用，直接给固定电话、电报业带来毁灭性打击等。

2. 需求融合

除了技术领域的融合外，产业融合还普遍表现为需求融合。需求融合是指不同主体需求及其需求实现方式的统一。产业融合能使社会需求升级，实现对需求内容及方式的融合，此类案例比比皆是，如电视产品与网络接入服务相结合形成对网络电视的需求、人工智能与汽车融合形成对无人驾驶汽车的需求等。

需求融合并非仅对原有需求内容及实现方式的简单叠加，而是通过融合使原来的不同产品、技术或服务形成新的产品属性，进而产生新的附加值，在某些情形下甚至需要重新定义市场。如信息技术的不断进步，消除了时间和空间的制约，推动资源在全球范围内重新配置，形成了一个世界范围内的全天候市场，此时电子商务、远程教育、远程医疗等新市场被创造出来。另一方面，需求融合促使多种产品融合为单一产品或组合产品来满足多样化需求。如无人驾驶汽车就是由人工智能与汽车融合而成。一般而言，融合产品的内容越丰富，其市场价值就会越高于单个分离产品的价值之和。因此，以科技的交叉渗透为主线，实现跨行业、跨技术的需求融合，积极发展融合产品，是提升产品附加值、促进国家或企业技术创新、推进产业协同发展的重要途径。

利用信息传输技术等领域快速发展的契机，加快实现制造业与生产性服务业的融合是产业融合的重要内容，由此带来的需求升级、产品更新、市场范围的扩大，无疑是生产性服务业与制造业协同发展的重大推力。这是因为，市场范围的扩大也会导致市场竞争更趋激烈，生产性服务业与制造业企业为了满足产业融合的需求，为了提升自身的竞争力，都必须携手奋斗，不断地在研发、设计、技术创新、信息共享、客户服务、金融、法律、管理、培训、物流、营销等方面增加投入，并务求实效。

3. 管理创新

产业融合已成为社会经济和产业的发展趋势。但它是一把双刃剑，既有可能为企业产品、市场等创造出新的发展空间，又有可能对企业拥有的资源和能力造成毁灭性的破坏。对于企业而言，产业融合带来的是企业内外部环境的重大变化，如市场范围不断扩大，新产业、新业态、新模式层出不穷，大众生产向精细生产及个性化生产转变，网络营销成为重要营销渠道等。在此过程中，企业需要加快管理创新，这是大势所趋。

20世纪80年代以来，最富有影响力的技术变革莫过于信息技术的发展，信息化将全球市场紧密联系在一起，加速了资本跨国流动、企业经营国际化，深化了国际分工与协作。在此过程中，产品技术标准（质量标准、技术标准、环境标准、财会标准等）也日益国际化。

为了适应信息化所带来的标准化、分工化、融合化、全球化发展，各行各业要积极学习借鉴新的管理手段与方法，利用管理信息平台，加快实现企业资源计划（ERP）、定制生产、流程再造、柔性管理、知识管理、客户关系管理、价值链管理和供应链管理等。管理创新已经并正在从强调效率、成本控制转变为追求创新和速度；将原有单一的生产活动转变为多服务要素投入的增值活动，使企业能高效、灵活、最大限度地适应市场环境的变化。同时，产业融合也可能导致企业财务风险点的增多，对企业管理也提出了更高的要求。因此，强化企业内部控制，创新管理方式，加强内部审计，完善企业绩效考核方式，实行更加科学的奖惩制度显得尤为必要。

二、产业共生理论

新古典经济学及其以前的经济学思想主要源于物理学的经典力学理论，经济学者们试图用经典力学的思想去阐释经济现象，认为均衡是一种各变量取值不变的状态，类似于力学中静止的概念，外生变量或参数的变化类似于给静止的物体施加一个外在的力，均衡状态的变化类似于静止的物体受到外力冲击产生的位移。这种机械论的经济学在面对纷繁复杂的现实经济现象时，解释力极为有限，因此，经济学者们试图寻找其他能更好地解释经济现象的理论和思想，于是，生物学与经济学产生了大面积的交叉，衍生了许多新的经济理论，产业共生理论便是这个领域的重要研究成果之一。笔者认为，产业共生是产业分工达到深入阶段的一种现象。

（一）共生理论及其经济学解释

共生原是描述生物物种之间关系的一个生物学概念，例如，海葵和小丑鱼之间的关系，海葵虽然生有毒刺，但不会伤害小丑鱼，反而为小丑鱼提供安全保护，小丑鱼吃海葵的消化残渣以帮助海葵清理身体。又如，鳄鱼与牙签鸟、犀牛与犀牛鸟、原生动物鞭毛虫与牛等反刍动物等等，这些生物之间都呈现共生关系。

共生是生物学中的一个概念，描述生态系统中生物体之间的某种特殊联系，德贝里（1879）将其定义为"相互性活体营养性联系"。种群的共生演化是在不断改变的环境中进行的。Hannan & Freeman（1977）[1] 等利用生态学理论来分析产业组织现象，建立了组织生态学。组织生态学把企业视为生物体，把企业集合视为种群，运用生态学的理论与方法分析企业间及其集合间的互动关系。两个具有某种联系的种群，通过合法化、竞争、传染、选择和组织学习等过程形成协同演化[2]。

经济学视角下的共生是指经济主体之间按照某种共生模式而形成的关系（袁纯清，1998），产业共生则是指产业之间基于产业链的连续性和价值增值性，按照特定的共生模式而形成的关系[3]。产业共生是同类产业的不同价值模块或不同类产业具有某种联系的业务模块基于某种差异性而形成的一种融合、互动、协调的关系。对于环境的变化，产业组织通过改变企业种群结构和企业特征这两种过程来适应，创建率和种群密度这两项指标记录了环境的变化对种群的影响。通过

---

[1] Hannan M T and Freeman J H. Organizational Ecology [M]. Cambridge Harvard University Press, 1989.
[2] Bigelow L S, Carroll G R, Seidel M L, et al. Legitimation, geographical scale, and organizational density: Regional patterns of founding of american automobile producers, 1885 – 1981 [J]. Social Science Research, 1997, 26: 377 – 398.
[3] 胡晓鹏. 生产性服务业与制造业共生关系研究——对苏、浙、沪投入产出表的动态比较 [J]. 数量经济技术经济研究, 2009（2）.

传染、选择等生态过程，一个产业种群创建率和种群密度的改变会影响另一个产业种群的这两项特征。

由于生产性服务业与制造业之间存在密切的产业关联，因而两个部门及其子种群之间在演化上呈现共生关系。典型的案例是，在胶片相机时代，胶片冲印业和相机制造业是两个共生的产业，数码技术的出现使得胶片冲印业衰退，直至成为一种非常专业和特殊的服务。DVD时代的家庭影音产业也是一个产业内共生的案例，DVD和光碟是两个共生的产业，数码影音技术和电脑普及后，这两个产业几乎同时消失了。生产性服务业与制造业在种群创建率和种群密度上关联密切。一般而言，产业的一个新的子种群从产生到成熟有一个曲折的历程：在产业子种群产生的初期，往往不被市场接纳，随着产品或服务质量、性能指标、市场宣传等因素的改进，产品或服务被市场接受，子种群才成长起来。这个过程在组织生态学中被称为"合法化"。生产性服务业的新兴子种群往往是从制造业部门或其子种群中分化出来的，如物流业和信息技术服务业。因此，制造业新兴子种群密度的增加能促进生产性服务业新兴子种群创建率的提高。

产业共生具有三种理论属性。第一，产业共生是一种经济组织学现象，并具有一定的自组织性质。产业共生现象既存在于企业内部也存在于企业之间，通过市场交易合约或组织内部指令起作用。产业共生形成的共生体超越市场和企业成为一种特殊的组织形态，各共生单元间有自己的职能分工，并为达成共生体整体的利益目标而协调工作。在企业内部，共生体是资源的再分配机制，权威指令能在多大程度上达成预定目的，取决于共生单元之间的再磋商。第二，产业共生也是一种系统经济学现象。产业共生是不同产业或其业务模块之间形成的密切关联的整体，它具有开放性、全息性和层级性的特征。产业共生的开放性是共生单元之间以及共生体和环境之间的能量交换；产业共生的全息性强调的是共生系统在横向上或纵向上的相似性。产业共生系统有四个不同层次：企业内共生系统Ⅰ，是由同一企业内不同部门进行组合形成的，它是由等级组织内权威指令达成的；基于部门联结的企业间共生系统Ⅱ，是由两个或多个企业的特定部门间基于某种联系（如资本纽带、关系型合约等）形成的共生关系；基于独立企业的企业间共生系统Ⅲ，是企业基于市场交易合约形成的共生关系；以产业集群为共生单元的产业间共生系统Ⅳ，它是基于多种方式复合形成的，是产业共生系统的高级形态。第三，产业共生还是一种经济文化学现象。由于产业共生在产业发展上重视质量提升和长期利益，重视社会道德和决策远期化，因此，产业共生理论对于发展理念的演进提升具有深远的意义。

（二）产业共生对产业协同的促进作用

产业共生有利于产业协同和地方经济发展。地方在发展经济时往往过于强调某一产业的发展,这种鼓励某一产业发展的政策导向虽然短期内可能会有一定作用,但长期来看却可能产生不良效果,因为这种做法忽视了产业之间的共生关系。例如,有些地区采用一系列的激励政策刺激金融业的发展,但政策效果却往往不尽如人意,其原因在于金融业的繁荣有赖于社会经济有充足的资金供给和活跃的融资需求。我们知道,充足的资金供给要求居民具有一定的储蓄和稳定的收入,而居民储蓄和收入水平又取决于地方经济发展水平;活跃的融资需求要求地方有繁荣的工商业活动。因此,用孤立的眼光处理产业问题是不合适的。产业共生关系不是产业结构关系。产业结构只是产业共生关系中的一种类型,它仅指独立产业之间的关系,并不包含共生系统类型Ⅰ和类型Ⅱ。

产业共生的形成有其内在机理。任何种类的共生关系都涉及多个共生单元。此处以 A 和 B 分别表示两个共生单元。A 和 B 都可以独立存在,但当它们同时出现时,必然产生某种依存关系,当前比较流行的"互联网+"就是这种共生关系的典型形式。也有 A 可以独立存在,而 B 依赖于 A 存在的情况,这种情况较为普遍。例如,农业和农产品加工业的关系,农业可以独立存在,但农产品加工业却不能脱离农业独立存在。依据共生给主体利益带来的变化,共生单元 A 和 B 结合可以分共栖、寄生和偏利三种模式,即共生后双方利益都有所增加,或者一方利益增而另一方利益不变,或者一方利益增而另一方利益受损。前两种可以在市场机制下自发产生,而后一种需要外界施加力量才可以使其稳定和持续。产业之间形成了共生关系后,必然会进行资源交换。资源交换的模式有三种:第一种模式,共生单元 A 和 B 共享并使用同一资源,这主要存在于共生系统类型Ⅰ中,这时,A、B 作为企业的不同业务或价值模块产生共生关系,二者共同使用企业的资源;第二种模式,有两种资源分别供共生单元 A 和 B 使用,呈现交叉使用的状况,这种模式主要存在于产业共生系统Ⅱ中,企业 1 的业务模块 A 通过某种合作关系与企业 2 的业务模块 B 建立共生关系;第三种模式,共生单元 A 和 B 各自使用自己的资源,不发生交叉,这种资源交换模式主要存在于共生系统类型Ⅲ中,是独立企业之间产生共生关系时所进行的资源交换活动形式。

三、产业集聚理论

产业集聚理论是本研究的重要理论基础。

产业集聚是产业分工深化后的必然结果。产业集聚是产业为了提升生产效率而形成的一种空间上的组织形态。由于资源共享、风险分担以及外部性等因素的作用,产业集聚能显著地形成规模报酬递增的效应。

产业集聚研究起源于古典区位理论,以空间要素纳入经济研究范式为主要标志。最早的研究者 Johann von Thünen（1826）① 假设在空间均质及孤立国条件下，中心城市环状向同心圆的工业和农业产业分布特征，为经济地理学的发展奠定了基础。其后，Weber、Marshall 等学者也对产业集聚理论做了重要拓展。

产业集聚理论循着从空间到产业、从静态到动态的逻辑顺序演变和发展。集聚的静态理论包括外部经济理论、区位理论、竞租理论、新经济地理理论等；动态理论包括生命周期理论等。

（一）外部经济理论与产业集聚

外部经济理论是用来解释产业集聚形成原因的一种被普遍认可的理论。Weber（1909）最先提出"集聚经济"的概念，并提出影响工业区位的两种区位因素——区域因素和位置因素，其中位置因素就包含了集聚因素。外部经济理论发展的早期，Marshall（1920）和 Pigou（1924）作出了重要贡献。Marshall 指出外部经济的三种类型：其一，专业化劳动力市场规模效应。产业关联紧密的行业集中在一起形成对劳动力较大规模的需求，从而促使产业集聚形成一个区域性的、统一的专业化的劳动力市场。有了这样的地区性劳动力市场，企业就可以根据实际情况调整雇佣劳动力的数量和结构，由于同地区的企业众多，不至于造成劳动力大量失业。此外，集聚形成的统一劳动力市场还有助于实现对具有专业技能的劳动力的共享，并使劳动力的交流更为频繁。这带来生产技术、管理知识和经验上的交流，可以改善经营管理，有效降低生产成本，提高生产效率。其二，中间投入品规模效应。同一行业企业的集中可以利用地理位置的毗邻性，在中间投入品（包括原材料、燃料和其他中间投入）采购、运输和库存以及成品销售等方面建立合作关系，不仅可以争取到中间投入品批量采购价格折扣以及节省运输和库存成本，还可以有效扩大市场需求。其三，知识外溢效应，这是由信息交流和技术扩散带来的，企业集聚使得企业之间的交流合作频繁，在生产技术、管理和营销等方面的知识经验和创新扩散更为便利和迅速。

Marshall 提出的外部经济实质上是空间外部性，即具有产业关联的企业在空间上的毗邻所产生的经济效应，Marshall 认为这是企业选择在地理上集中的关键性因素。同时，Marshall 还提出了产业在定位上的锁定效应。他认为，由于区位、资源禀赋或其他历史因素使一个地方起初产生某个产业，此后，该产业便会由于其他原因锁定于该地区，产生这种效应的原因可能是空间外部性、循环累积效应或其他。Marshall 的结论具有一定程度的说服力，但他忽视了区位和产品转移成本问题在产业集聚中的重要性，而且其结论建立在完全竞争、零交易成本和匀质空间的假设条件之上，具有一定的局限性。在 Marshall 之后，一些学者对外部经

---

① 约翰·海因里希·冯·杜能. 孤立国同农业和国民经济的关系 [M]. 吴衡康译. 北京：商务印书馆，1986.

济引致的集聚经济作了更深入的探索。Hoover（1937）提出集聚经济的三种形式：一是内部规模经济，它是企业层面的；二是外部规模经济，它是产业层面的；三是城市化经济，它是地区层面的，是经济活动在空间上集聚给一个地区带来的经济增长效应。Hoover（1970）在其著作中进一步讨论了企业的区位问题，他分别从单个企业和整个工业部门的层面分析了区位问题，在影响单个企业区位决策以及整个工业部门区位结构的诸多因素中，他分析出了三大基础性因素：资源禀赋、运输成本和集聚经济性。Jacobs（1969）在集聚经济的外部性方面也做过有益的探索，他发现，多元化产业的集聚在刺激创新上有重要影响，因为多元化的产业环境有利于信息搜寻和思想实验。

（二）区位理论与产业集聚

Marshall（1890）关于区位外部经济的理论重在分析企业为什么要集聚，而企业在何处集聚的问题则是产业区位理论的研究主题。区位理论对传统经济理论进行了革新，把空间这个重要变量引入经典的经济学分析范式中，从而解释了经济活动的空间分布及变化规律。产业区位理论经历了农业区位论、工业区位论和市场区位论三个阶段的演进。

（1）农业区位论。德国学者 Thunen（1826）在其名著《孤立国农业和国民经济的关系》中对农产品产地与市场之间的距离对农业土地利用类型的影响作了开创性的分析，他提出一个命题：农业生产布局取决于地租，地租由农产品价格、生产成本和运费共同决定。在地租最大化的导向下，形成了土地利用的杜能圈结构，每个圈都有自己的主要产品和耕作制度，而且，以城市为中心，依距离的远近，农业经营集约化水平依次递减。Thunen 农业区位论的重要意义在于，它把空间因素纳入了分析框架，指出了土地的自然特性并不是影响农业生产布局的唯一因素，更为重要的是经济因素，即由区位因素决定的运输成本。Thunen 提出的命题是建立在高度抽象基础上的，它以严苛的假设条件为前提，对诸如贸易、城乡结构、土地肥力、地理位置和气候条件等都有严格规定，这样，现实状况与理论假设相差甚远，结论的现实解释力自然有限。

（2）工业区位论。德国学者 Weber（1909）继 Thunen 的区位理论之后，提出了区位因素、原料指数和劳动费指数这些重要概念，分别分析了运费指向、劳动费指向和集聚指向下工业企业进行区位选择的内在机制。其中，运费指向是以原料指数为导向的区位选择机制。他把原料分为广布原料和地方原料，地方原料又分为纯原料和失重原料。各种原料在产品中的配比差异会影响到原料指数，而原料指数又影响企业的区位选择；原料指数越大，企业在区位选择时越倾向于选择原料地，反之，则倾向于市场所在地。Weber 的工业区位论把对工业区位的分析方法从局部均衡分析推进到一般均衡分析，而且，它是在不依赖于具体社会经济制度的条件下得到的关于工业区位选择的一般规律,具有应用的普适性。Weber 的工业区位论具有开创性的贡献,但因其理论假设条件严苛、忽视工业经济结构变化、信息问题以及非经济因素的影响,使得它在解释现实问题上有较大的局限。

(3) 市场区位论。在 Weber 的工业区位论的基础上,众多学者对工业区位与产业集聚问题进行了进一步探索,这些研究主要沿着两条线索进行:一是舍弃理想化的完全竞争假设,以不完全竞争条件下的厂商理论作为工业区位问题分析的基础理论;二是放弃理性经济人和完全信息的假设,引入行为经济学理论和信息经济学理论进行厂商区位选择分析。遵循前一研究路线的学者有 Palander、Hoover 和 Losch。Palander 对运费与工业区位问题作了独到的研究,他指出,现实中运费和运送距离之间的关系是非线性的,并非如 Weber 所说的线性函数关系,运费率是变量而非常数。Palander 的研究使得厂商区位决策理论更符合现实。Hoover 在 Palander 研究的基础上作了更加具体的研究,他分析了运费结构和运输方式对工业区位的影响。Hoover 把运费区分为场站作业费用和线路运输费用两种,相对于运送距离来说,前者是固定费用,后者是可变费用。这种区分会影响到企业的运输方式和区位选择:考虑到节省运输固定成本,厂商应在尽量靠近货物中转站处布局;考虑到运输固定成本的分摊效应,在决定运输方式时,短距离运输应采取低场站费用高线路费用的运输方式,长距离运输应采取高场站费用低线路费用的运输方式。Losch 创立了市场区位理论,他把空间均衡的思想引入区位问题的分析中,研究市场规模和需求结构对区位选择的影响,他在界定产品销售范围和利润最大化原则假设下,导出了均衡条件下厂商的最佳市场空间范围。

现代工业区位论的另一个流派是基于行为主义分析方法对工业区位进行的研究。而基于行为经济学的工业区位理论是从这样一个事实出发的,即现实中的工业区位大多数情况下并非传统意义上的最佳区位。工业区位的行为主义是在不完全信息以及"满意人"作为前提假设下进行探索的。

(三) 竞租理论与产业集聚

"竞租"是城市经济学的基本概念,竞租理论是在 Thunen 的启发下发展起来的一种土地经济理论。Thunen 指出,农业土地利用模式之所以随着土地离城市中心距离的不同而不同,是因为离城市中心的距离远近与地租高低有密切关系。Alonso (1964) 在 Thunen 的启发下,提出了单中心城市地价的竞租模型。竞租理论利用新古典经济学经典的边际分析方法得出租金梯度曲线和环形土地利用模式。

竞租理论是解释生产性服务业集聚非常有力的理论工具。

一个城市可按离城市中心的远近把它分为核心区与边缘区,核心区由于交通和市政基础设施健全、社会服务便利等原因,地租高;城市边缘区则因不具备这些条件而地租较低。生产性服务业和制造业由于对地租的敏感程度存在差异,而形成不同的区位布局。具体来说,生产性服务业需要与众多被服务的客户——制造业企业进行业务往来,这客观上需要它处于比较核心的位置,对交通便利的要求较高,这样便于供求双方的业务往来。而且,生产性服务业的产业特性决定了它具有知识密集的特征,需要大量有专业技能的人力资源,且需要与政府、非营利性公共机构或社会组织保持密切联系,这些都决定了生产性服务业倾向于定位在城市核心区。生产性服务业在核心区的集聚增强了与客户及外界条件的易达性,拓展了业务机会,有效地降低了交流成本,并有利于获得范围经济带来的收益。因此,生产性服务业在核心区所具有的竞争优势使得它有能力支付高昂的地租,并迫使相关要素和活动出现集中趋势。生产性服务业的经济效益使得它具有空间扩张的效应,随着生产性服务业的集聚并取得其在城市核心区的竞争优势,加上要素拥挤和竞租经济的双重压力,客观上迫使制造业向外围扩散。而且制造业相对于生产性服务业来说,其"自然性"更强,即更多的活动是技术性的,是人和物质世界之间的关系,它对生产性服务业所密切依赖的那些外围条件的依赖程度较弱,出于节省成本的考虑,制造业企业倾向于定位于城市边缘区。这样,生产性服务业和制造业在区位上形成一个圈层式的产业分布格局。

(四)新经济地理理论与产业集聚

产业集聚进入主流经济学研究领域是在新经济地理学兴起的背景下实现的。Krugman(1991)的著名论文《经济地理与收益递增》是新经济地理学形成的标志。经济活动的空间集聚是新经济地理学研究的主要议题之一,另一个议题是区域经济增长的收敛性。新经济地理学之所以区别于传统经济地理学,是因为它在这两个议题上都有新见解。传统经济地理学认为,经济活动的空间集聚或视为简单产业集聚,是由于地区在某种经济地理因素上具有绝对优势造成的。但是,这难以有力地解释以下两种现象:一是一些地区在区位或资源等传统经济地理因素上并不占优势,而这些地区却成为产业集聚地;二是两个在地理上极其相似的地区,在产业集聚方面的差异却很显著。Krugman(1991)借鉴 D-S 效用函数,引入规模报酬递增和不完全竞争的假设,建立了中心-外围模型(C-P模型)。C-P模型的基本假设是:A、B两个地区的资源禀赋相同;存在农业部门和工业部门,分别是完全竞争的和垄断竞争的市场结构;劳动力生产要素分为熟练的、不熟练的两种,熟练的劳动力是可流动的,不熟练的劳动力是不可流动的;农产品运费为零。在这些假设下,C-P模型得出了如下结论:当运输成本降到一定阈值时,人口和工业呈显著的集聚趋势,在收益递增和运输成本节约的向心力下，形成以工业区为核心、农业区为边缘的"中心-外围"空间结构。

C-P模型虽然揭示了交易成本和要素流动形成产业集聚的原理，但其严苛的假设条件限制了其对现实的解释力。之后的学者在C-P模型的基础上，放松了一些假设条件来推广C-P模型的结论。Venables（1996）针对C-P模型在特殊情况下经济体之间没有界定要素流动机制这一缺陷，提出"前向关联"和"后向关联"形成的投入品及需求扩大效应使得厂商趋向于在特定地区集聚。Baldwin（2006）、Okubo（2009）对C-P模型的部分假设进行了放宽与修正，加入了企业异质性、税收和出口成本等因素，建立了新经济地理（NEG）模型。Krugman突出强调偶然性的历史因素在集聚中的作用，他认为，偶然的历史因素形成最初的集聚，初始集聚带来的优势由于路径依赖效应被放大，从而产生锁定效应，这样，集聚的优势通过因果循环累积作用而不断被放大，最终形成一个产业集聚区。NEG理论即是对C-P模型的一个局部拓展。

相对于先前的理论，新经济地理学对于产业集聚的论述更加具有解释力，但仍然具有三个方面的缺陷：一是对于产业集聚程度的衡量，依据就业选取指标，不太准确；二是过多地突出历史偶然事件或因素的作用；三是指出了影响集聚形成的因素，但没有提出集聚的发生机制。

（五）生命周期理论与产业集聚

以Marshall为代表的早期经济学家认为产业集聚总是能带来规模经济。自20世纪中叶开始，世界工业出现了一些新格局和新现象，以Hoover为代表的一些经济学家则开始质疑这个观点。虽然集聚会带来一系列好的效应，但集聚超过了一定的程度时则会造成拥挤效应，表现为企业之间的恶性竞争、要素价格上涨、资源供应紧张、生态环境破坏与污染、交通状况与居住环境恶化等。

集聚造成的拥挤效应使集聚存在一个内在的最优水平，即产业集聚的适度规模问题。Tichy（1988）根据弗农的产品生命周期理论提出了区域产业集聚的生命周期理论，他把产业集聚的历程分为诞生、成长、成熟、衰退四个阶段。他指出，产业集聚区的扩张导致生产要素需求剧增，使得工资和地租等要素价格大幅提高，从而增加了生产成本。当生产成本的提高超过了集聚带来的交易成本的下降时，厂商出于节省成本的考虑，会把一部分技术含量较低、劳动密集的产业迁离产业集聚的核心区，留下资本或技术密集型产业在这些区域，原产业集聚的核心区逐渐发展为这些产业的集中地以及技术创新、贸易和金融服务的中心。贸易成本和工业集中度之间的关系能很好地阐释产业集聚的这一演进过程。

第二章 生产性服务业与制造业协同发展机理

生产性服务业与制造业的协同发展,离不开关联密切产业的互补、互动以及良好的外部环境。在逻辑上,产业协同既是一个过程,也是一个结果。本研究认为,产业协同的表现形式是共生,内在特征是互动,其过程包括自组织与他组织,其效应是集聚与创新。基于此,本书构建了一个分析生产性服务业与制造业的协同发展的理论框架:"表现——共生、特征——互动、过程——自组织与他组织、效应—集聚与创新"。本章拟对生产性服务业与制造业协同发展的表现、特征及其过程进行阐述,二者的集聚与创新效应将在第三章单独讨论。

第一节 生产性服务业与制造业的共生演化机理

产业分工的日渐细化和信息技术的蓬勃发展致使产业边界日益模糊,产业交融日渐明显,于是,产业中大量出现"你中有我,我中有你"的共生现象。

一、生产性服务业与制造业共生演化的基本要素

生产性服务业是从制造业中分离出来的。从本质上看,生产性服务业与制造业的共生关系是由制造业生产性服务外包选择过程决定的。生产性服务业具有知识和技术密集、创新性强的特征,通过共生关系的关联,它可以把新的信息、知识和技术传递给制造业,从而有利于制造业价值增值和创新能力的提高。二者的共生系统包含共生单元、共生载体和共生环境三个基本要素[①]。

(一)共生单元

共生单元是共生关系的基本构成单位,它们是共生体中进行物质和能量交换的基本单位。存在生产性服务业(U_S)与制造业(U_M)两个共生单元,Z_S、Z_M分别表示生产性服务业与制造业两个共生单元的质参量,质参量表示共生单元之间的某种联系,$Z_S = (Z_{S1}, Z_{S2}, \cdots, Z_{Si})$,$Z_M = (Z_{M1}, Z_{M2}, \cdots, Z_{Mj})$。共生单元之间具有某种内在联系是构成共生关系的必要条件,两个单元的部分质参量可

[①] 袁纯清. 共生理论及其对小型经济的应用研究(上)[J]. 改革, 1998 (2).

以相互表达,这种相互表达的特性称为质参量兼容①。即存在 $Z_{Si} = \psi(Z_{Mi})$,使生产性服务业与制造业两个共生单元由于产品关联、技术共享、资本合作等因素满足质参量兼容的特征,例如,制造业通过生产性服务的投入提高产品附加值。

(二) 共生载体

实现产业共生的前提是存在共生载体,即共生单位赖以交换、互补的各种资源,如市场、生产要素、技术、政策等。共生载体反映了共生单元协同互动的媒介和平台。另外,共生单元投入共生载体的特性决定了共生单元的利益分配,某一共生单元投入资源的难以模仿性、不可替代性越强,其在共生成果的分配中就越占有利地位。

(三) 共生环境

第一,经济环境。经济环境是影响生产性服务业与制造业共生关系最重要的环境因素之一。当经济增长较快时,制造业的盈利状况一般较好,对生产性服务业的需求自然也较旺盛。此外,产业结构的调整,例如发展中国家制造业的升级也会改变对生产性服务业的需求结构。反之,当经济衰退时,企业的机会主义行为增多,危及共生关系。第二,政治环境。政府在经济运行过程中起宏观调控的作用,产业规制是其重要职能之一。政府对于生产性服务业和制造业发展的重视程度也能显著影响二者的共生关系,政府的法律、财政和税收调控手段能影响企业决策。第三,文化环境。共生单元之间的交流沟通的顺畅和互信度是影响共生关系的重要因素。当共生单元的文化背景相似时,沟通会比较顺畅,容易建立合作关系,而来自不同文化背景的共生单元则由于沟通障碍问题,很难建立稳定高效的共生关系。

二、生产性服务业与制造业共生演化的概念模型

(一) 共生模式

共生模式反映共生单元之间相互作用的行为类别与利益分配、共生作用的方向和强度。共生模式分为寄生、偏利共生和互惠共生。产业共生具有不同的模式。通过构造共生度和共生系数两个指标可以描述生产性服务业和制造业的共生关系。共生度表示共生单元之间质参量变化的关联度,更具体地说,共生度是指一个共生单元的质参量变动1%引起另一共生单元质参量变动的百分数,共生度以 δ_{SM} 表示,且 $\lambda_{SM} = (Z_M/Z_S)(dZ_S/dZ_M)$。可见,共生度类似于弹性的概念,描述的是一个共生单元质参量对另一个共生单元质参量变化的敏感程度。若以 δ_S、δ_M 分别表示 U_S 和 U_M 两个单元的特征共生度,根据共生度的取值符号,可以

---

① 袁纯清. 共生理论及其对小型经济的应用研究(上) [J]. 改革, 1998 (2).

把共生关系分为 9 种模式①,见表 2-1。

表 2-1　共生度与共生模式

δ_S	δ_M		
	+	0	-
+	正向共生	正向偏利共生	寄生
0	正向偏利共生	并生	反向偏利共生
-	寄生	反向偏利共生	反向共生

(二) 共生模型

生产性服务业与制造业共生体的成长过程类似于自然界中生态系统的成长过程,生态系统中种群繁殖规模取决于资源约束和种群间的互动关系,而生产性服务业种群数量和制造业种群数量则由经济体中的要素禀赋、技术、偏好和制度等因素决定。因此,可引入生态学中的 Logistic 模型对生产性服务业与制造业的共生系统演化进行分析。Logistic 模型最早由 Verhulst 于 1838 年提出,它是分析环境约束集下生物种群繁殖规律的基本模型。Logistic 模型的基本假设是:种群的生存环境是既定的;种群个体在环境中均匀分布;个体生存所需资源为常数。Logistic 模型可表示为:

$$dy(t)/dt = ry[1-(y/k)] \quad (2-1)$$

式中,$y(t)$ 表示 t 时刻种群的规模,常数 r 表示种群的内禀增长率②,取决于种群的平均存活率,k 表示种群的环境资源存量。从 Logistic 模型可得,$[dy(t)/dt]/y = r[1-(y/k)]$,即种群的瞬时增长率是关于种群规模递减的线性函数,因为种群生存所依赖的资源是有限的,只有当种群规模扩大时,增长率递减才不至于使种群繁殖得过快而耗尽生存资源。

由于产业共生系统与生态系统的相似性,可将 Logistic 模型用于生产性服务业与制造业系统。当不用共生的观点看待生产性服务业和制造业时,把制造业部分和生产性服务业部分各自视为独立的种群,则两个种群的产出动态满足:

$$\frac{dy_S}{dt} = r_S y_S \left(1 - \frac{y_S}{k_S}\right) \quad (2-2)$$

$$\frac{dy_M}{dt} = r_M y_M \left(1 - \frac{y_M}{k_M}\right) \quad (2-3)$$

式中,y_S、y_M 分别表示生产性服务业与制造业的规模,一般可以用产量、企业数量等指标来间接表示。r_S、r_M 分别表示理想条件下生产性服务业与制造业的内禀

---

① 田小平. 高技术服务业与制造业的共生关系研究 [J]. 企业经济, 2016 (2).
② 内禀增长率是指在理想的环境约束条件下,能够实现的产业最大瞬时增长率。

增长率。同生态系统的环境资源有限性类似,产业生态系统中的劳动、资本、信息、技术和市场需求等资源也是有限的。k_S、k_M 分别表示生产性服务业与制造业两个共生单元的极限产出水平,它间接反映了产业的资源约束。y/k 表示种群实际资源使用占资源存量的份额,称为"自然增长饱和度",因此,$1-y/k$ 表示种群还可以进一步扩张的空间。

现实中,生产性服务业和制造业不是孤立的,二者之间的产业关联使得它们之间呈现共生现象,可用影响因子 θ 来表示。θ 表明一个部门的规模扩大,会提高另一个部门的增长率。考虑到这种共生关系,需要对传统的 Logistic 模型进行调整,在 $1-(y/k)$ 后再加上一个相互影响因子 $\theta \cdot \dfrac{y}{k}$,$\theta_S \dfrac{y_M}{k_M}$ 表示共生关系下制造业的自然增长饱和度对生产性服务业增长的贡献额,$\theta_M \dfrac{y_S}{k_S}$ 的含义类似。因此,生产性服务业与制造业的共生模型可以表示为:

$$\frac{dy_S}{dt} = r_S y_S (1 - \frac{y_S}{k_S} + \theta_S \frac{y_M}{k_M}) \quad (2-4)$$

$$\frac{dy_M}{dt} = r_M y_M (1 - \frac{y_M}{k_M} + \theta_M \frac{y_S}{k_S}) \quad (2-5)$$

根据模型的一阶均衡条件 $\dfrac{dy_S}{dt} = \dfrac{dy_M}{dt} = 0$,可求得平衡稳定点 (y_S^*, y_M^*):

$$y_S^* = \frac{1+\theta_S}{1-\theta_S \theta_M} k_S \quad (2-6)$$

$$y_M^* = \frac{1+\theta_M}{1-\theta_S \theta_M} k_M \quad (2-7)$$

由于 $0 < \theta < 1$,故 $0 < \theta_S \theta_M < 1$,因此,$y_S^* > k_S$,$y_M^* > k_M$,表明以分工为基础的产业协作产生巨大的利益增长,共生单元在共生条件下的产出高于相互独立时的潜在产出,二者呈现对称互惠共生关系。若 $\theta_S = 1$、$\theta_M > 1$ 或 $\theta_M = 1$、$\theta_S > 1$,即产业部门间相互影响系数一个很小,趋近于 0,另一个大于 1,这种情况属于非对称互惠共生,因为两个产业部门间的相互贡献不对称。对称互惠共生均衡调整较快且稳定,非对称互惠共生的调整时间较长且不稳定。

三、生产性服务业与制造业共生演化的过程与动因

(一)生产性服务业与制造业共生演化的过程

在当前以需求为主导的市场经济条件下,产业共生的起点已从"技术驱动"这一单一驱动形式向"技术 - 市场 - 竞争"多元驱动转变。因此,制造业与生产性服务业的共生演化过程可以分为技术共生、产品共生、市场共生和管理及组织共生四个阶段。制造业与生产性服务业交叉性的技术创新与技术扩散促成了两

者的技术共生，进而引发市场对其产品的融合性需求。技术、产品和市场上的共生带来组织与管理上的共生，如图2-1所示。

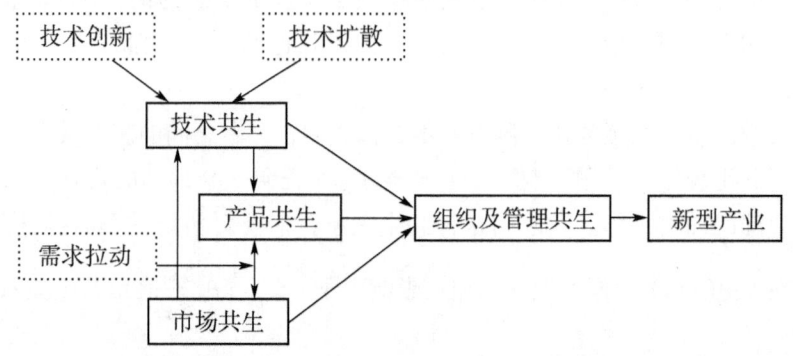

图2-1　生产性服务业与制造业共生演化的阶段及其关系

生产性服务业与制造业的技术共生主要通过两种方式实现。一是两个产业部门间的技术扩散。生产性服务业的产业技术与制造业的产业技术有不同的特征，前者主要呈现为显性技术，而后者主要表现为隐性技术。制造业的显性技术可以用语言和符号的形式进行编码，形成技术或数据资料，它通过价值规律的作用在市场上进行转移和扩散。生产性服务业的隐性技术一部分可以显性化，而不可显性化的技术则通过师徒授业或工作小组的方式进行传播和扩散，从而实现两个产业部门的技术共生。二是生产性服务业与制造业部门间的"边界处"发生的技术创新，在市场需求升级的作用下，边界处的技术创新从随机性变为主动性，通过共性的技术研发，实现两个产业部门的技术共生。

生产性服务业与制造业在技术共生的基础上形成了产品共生。产品共生主要通过两种形式实现。一是制造业主导的产品共生。在消费需求的推动下，制造业为了增强竞争力，将位于下游的生产性服务和自身产品进行一体化，随着消费需求的升级和同业竞争加剧，制造业逐渐通过技术研发和创新，把上游生产性服务业也融入产品中，从而实现全面的产品共生。二是由生产性服务业主导的产品共生。制造业企业为生产性服务企业提供生产设备，大型生产性服务企业为了实现规模经济以及更好地满足市场需求，有动力自行进行设备研发和生产，从而形成生产性服务业主导的共生性产品。

生产性服务业与制造业的市场共生是基于交易成本的节省而形成的。生产性服务业与制造业给消费者提供的是不同形态的产品，但消费者并不关心这种形态上的差异，因为它们在给消费者带来效用这一点上是无差异的，消费者在乎的是为了获得一定的效用所支付的总成本。制造业产品和生产性服务的一体化（即共生），能降低交易频次，从而减少搜寻、议价和决策活动带来的交易费用。生产性服务业技术共生、产品共生与市场共生推动了组织和管理上的共生。随着生产性服务业和制造业共生程度的加深,协调和沟通问题变得越来越重要,信息传输和管理决策效率要求两者在组织机构和管理上进行融合与共生。

(二) 生产性服务业与制造业共生演化的动因

信息技术和交通技术的迅猛发展大大缩短了地区之间的时空距离,促进了产业分工并为生产性服务业与制造业共生演化提供了基础条件。此外,深化二者的共生还需要完善的外部推动系统。本部分主要从市场调节、政府干预、技术推动、生态群落等方面对生产性服务业与制造业共生演化的动因进行阐述。

1. 市场调节

生产性服务业与制造业的共生发展是市场竞争加剧的必然结果,也是适应市场需求变化、提升产业竞争力的重要手段。企业的竞争优势是企业于某些领域或环节超越竞争者的一种状态。体现企业竞争优势的可以是生产要素、地理区位、生产规模、生产技术、产品质量、创新能力和管理模式等。这些领域或环节可以概括为以下几个方面:一是生产要素优势。波特指出,生产要素可依据其价值及可获得性分为基本要素和高级要素。基本要素具有易取得、标准化、增值性弱等特点,例如基本的原料、燃料和非熟练劳动力,它对于形成企业竞争优势作用甚小。高级要素则具有相反的特点,它往往需要进行投资才能获得,具有非标准化的特征,对形成企业竞争优势具有关键作用。二是市场需求优势。较大的市场需求扩大企业的生产规模,有助于企业获得规模经济从而形成成本优势;多样化的市场需求则有利于企业获得范围经济从而形成成本优势;超前的市场需求则会推动企业改善产品性能和开发新产品等创新活动。三是管理优势。相对于生产要素和市场需求等方面的优势来说,企业在管理方面的优势则是软性的,它通过组织机构和管理机制把具体的生产要素以高效率的方式组织起来进行生产。四是支撑实体优势。它是企业与上下游企业、竞争者、消费者和公共部门形成的良性关系或者是这些利益相关者给企业带来的独特优势。

波特指出,每一个企业都是在设计、生产、销售、发送和辅助其产品的过程中进行各种活动的集合体,这些活动可以用一条价值链来表示[1]。根据波特的观点,企业的所有活动都在进行着价值创造。企业的价值创造活动依据两个不同的标准可以进行两种划分:一是依据分工的深度分为基本活动和辅助活动,前者包括产品的生产、加工、销售和运输配送等,后者包括产品研发与设计、包装与营销等;二是根据企业活动在产业链上的位置分为上游、中游和下游三个环节。这些不同类型的企业活动在价值创造和分配上具有很大的差异,辅助活动由于其技

---

[1] Poter M E. Competitive Advantage [M]. New York: Free Press, 1985.

术含量和创造性在产业链的价值分配中占有越来越高的份额，并且价值在产业链的上游、中游和下游的分配也不均匀，上游和下游占有较高的价值份额，而中游占有较低的价值份额。这是因为，上游从事研发设计以及核心部件的生产，技术含量高，下游从事的品牌、营销和资本活动具有非标准化和创造性特征，也能获得较高的租金，中游环节从事简单的生产和装配活动，技术含量低、可替代性强，自然在价值分配中没有优势。这也是 Apple 公司把生产环节外包给富士康，专注于研发、设计和营销的原因；IBM 公司外包出售个人电脑业务，专注于信息服务业的原因也在于此。生产性服务业和辅助活动以及产业链上游和下游环节有很大的交叉，它在产业链的价值分配上具有较大优势，制造业寻求和服务业的共生，制造业向服务业延伸或与服务业融合成为它们提升行业竞争优势的重要战略。

2. 政府干预

随着经济全球化的深入发展，资源在全球范围进行流动配置，并形成新的国际分工体系。发达国家将研发、营销等高产品附加值环节牢牢控制在自己手中，而利用发展中国家（包括中国）低廉的劳动力成本，将组装、加工等低附加值环节进行外包，形成不合理的国际分工体系。这与我国自主创新水平不高、产业结构单一、缺乏核心竞争力有莫大关系。加快产业之间融合与共生发展是解决这一问题的重要途径。近些年来，国家也越来越重视产业融合与共生发展，借助当前信息化浪潮，制订了一系列产业融合与产业共生发展战略。如 2015 年 5 月国家提出"中国制造 2025"发展战略，2015 年 7 月提出"互联网+"行动战略①，要求加快"供给侧改革"步伐，并出台了一系列配套政策措施，努力改善产业共生发展的外部环境，如放松政府产业管制，加大产业共生人才培养、构建公共信息平台、加强知识产权保护，促进创新成果转化落地。这些政策有效地降低了产业融合与共生的风险，减少了由于信息不对称带来的交易成本，提高了产业融合共生后的预期收益，有利于增强产业融合与产业共生的动力。

3. 技术推动

技术是产业发展的原动力，技术创新是生产性服务业和制造业共生演化的重要动因。Schumpeter（1928，1939）认为技术创新是生产函数向外围的扩展；Solow（1951）则指出，新思想及其实现是技术创新的两个条件。在信息技术的作用下，技术应用和扩散的速度加快，技术创新的产业间溢出效应日益增强，技术上的融合使得生产性服务业与制造业的技术壁垒减弱，从而产生了共同的基

---

① 2015 年 5 月，国务院印发《中国制造 2025》，有利于推动我国制造业转型发展，早日建设成为制造强国。2015 年 7 月，国务院印发《关于积极推进"互联网+"行动的指导意见》，对促进互联网、物联网、大数据等与其他产业的融合发展，优化产业结构以及行业创新能力作出重要指导。

础，这些因素促使产业边界模糊化，产业融合和共生日趋普遍。生产性服务业作为知识和技术密集型产业，其与制造业的共生发展离不开技术推动。技术创新主要从两个方面推动生产性服务业与制造业的共生演化：一方面，制造业开发出新产品或发明新技术，通过产业关联渗透到生产性服务业，从而使得生产性服务业作出相应的调整；另一方面，技术创新可以影响市场需求，从而提供生产性服务业与制造业共生的空间。

4. 生态群落

生态群落是在一定的时空环境中，具有一定结构和功能的生物集合体，生物之间以及生物与环境之间相互影响与作用。生态群落具有三个重要特征：一是联系的复杂性，群落内的生物形成一定的结构，依此进行物质和能量的循环；二是动态演化性，群落内的生物之间以及生物和环境间进行复杂的互动，并导致自身和环境的变化；三是系统的放大效应，群落内生物的某些行动和特征的变化能引起整个群落的改变[1]。经济系统中的不同部门之间具有生态群落的许多特征，可以把这些部门称之为经济群落，如农业群落、工业群落和生产性服务业群落。而它们内部又由许多亚群落组成，群落内的企业或其他个体之间、群落和群落之间以及群落和环境之间的良性互动产生协作效应。

制造业和生产性服务业在经济群落中具有特殊的意义，二者在资金流、物质流和信息流上进行着密切的互动。制造业群落为生产性服务群落提供必要的生存条件，类似于环境为生物提供空气、雨水和阳光；生产性服务群落促进制造业群落发展，类似于生物体的代谢活动使环境变得更具有机性，更适合生物生存。生产性服务业群落和制造业群落互相促进对方的发展，生产性服务业是制造业分工深化的结果，而且随着消费的升级，制造业对作为中间投入的服务提出了越来越高的要求，从而推动生产性服务业的发展。生产性服务业亚群落具有知识和技术密集的特征，它通过技术和组织来降低制造业的生产成本、改进制造业的生产效率和促进产品创新，推动制造业的发展。通过资源共享，经济生态群落为生产性服务业和制造业亚群落提供了便利的联系平台，从而形成规模性的生产要素交易市场，降低生产成本并扩大了市场需求，并且有利于群落内的企业进行有效协作。

第二节 生产性服务业与制造业的互动机制

生产性服务业与制造业具有双向互促的作用机制：一方面，生产性服务业通

---

[1] 孔德洋，徐希燕. 生产性服务业与制造业互动关系研究 [J]. 技术经济及管理，2008，6：76-77.

过促进制造业提高生产效率、技术创新能力、降低能耗等方式推动制造业的发展;另一方面,制造业通过产生对生产性服务的需求、创新提升、内部产业结构变化拉动生产性服务业的发展。以下分别对这两种互动机制进行阐述。

一、生产性服务业推动制造业发展的机制

(一) 生产性服务业促进制造业提高生产效率

生产性服务业的发展有利于促进制造业效率提升,并在不同时期发挥了不同的作用,见表2-2。

表2-2 生产性服务业在制造业生产发展中的作用变迁

阶段	功能与作用	实例
第一阶段 (20世纪50—70年代)	辅助管理功能 (润滑剂作用)	财务、存货管理、证券交易
第二阶段 (20世纪70—90年代)	管理支持功能 (生产力作用)	物流服务、管理咨询、金融服务
第三阶段 (20世纪90年代以来)	战略导向功能 (推进器作用)	信息技术、创新和设计、供应链管理

这可从两大方面来解释。其一是基于专业化分工的解释。人类历史上的三次产业分工依次产生了农业、制造业和服务业。通过专业化分工,产业的资本密集度得以提高,进而生产效率提高。市场经济中的生产活动分为诸多环节,细分的话有数十个。按照离消费环节远近的不同,可以分为上、中、下三个环节:产品设计、研发、采购属于上游环节;产品生产、加工等属于中游环节;包装、运输、广告、营销、售后服务等属于下游环节。上游的产品设计和研发,以及下游的大部分活动都可以归结为生产性服务。在制造业发展的初级阶段,受市场发展程度的限制,生产规模比较小,企业呈现小而全的局面,生产活动的三个环节大都由同一个企业承担。在生产规模的扩大和市场竞争日趋激烈的条件下,一些企业之间展开了一种重要的合作——企业之间在生产环节上的分工,"外包"是这种分工合作的一种最普遍的形式。经济增长形成的资本增长使得竞争日趋激烈,获取规模经济收益变得越来越困难,为改善自身生存条件和环境,企业开始谋求通过专业化获取市场优势,进而获得利润。企业根据自己的竞争优势所在,转移和剥离非核心业务,专注于自身具有优势的核心环节。被放弃的环节一般是上游和下游中的大部分环节以及生产中的部分环节,这些活动大致可以归入生产性服务的范畴。企业通过外包,在分散风险的同时将资源集中在最有竞争优势的环节,提高生产效率。而且,随着消费者对产品需求的升级,最终产品越来越复杂,由此生产过程中要满足愈加丰富的专业化生产服务,如果这些服务都靠企业

自身予以满足,在技术上、风险性和成本上都面临限制和挑战。随着进行外包的企业越来越多,外包服务的需求越来越大,生产性服务的专业化程度得以提高,有利于实现规模经济,从而使外包服务的成本降低。进行外包的企业自然享受到更低价格和更密集的外包服务,从而使整个社会的经济福利增加。

其二是基于交易成本的降低和中间投入的解释。发达国家的发展历程表明,服务业在现代经济中的地位不断提高,表现在服务业在国民经济中的占比、就业份额和贸易份额日趋增加。作为国民经济的组成部分,服务业的发展不仅直接促进国民经济的发展,而且还通过产业关联效应促进制造业的发展,从而间接促进国民经济发展。除了原料、燃料和资本等生产要素,服务业是制造业的一种重要中间投入,而且随着现代经济的发展,这种中间投入在制造业中的重要性日益明显。由于产业链上的相互衔接,服务业和制造业之间存在着显著的关联效应,高质量和密集的生产性服务作为制造业的中间投入,可以提升制造业的绩效,包括提升产品产量、质量和降低生产成本,更重要的是,商业服务还对制造业的生产方式进行了再组织。研究表明,全球范围内的制造业生产效率有趋同的态势,不同经济体制造业的生产效率的差异在于服务业的效率差别。根据奥地利学派的理论,除了资本密集度之外,生产过程的重组和迂回也是提高生产力的重要因素。生产性服务业实质上充当了人力资本和知识资本的传送器,将这两种能大幅提高生产效率的资本导入生产过程之中,无疑能大力提升制造业的生产效率[①]。

(二) 生产性服务业促进制造业提升技术创新能力

技术创新是产业发展的最重要的动力,技术创新能力在一定程度上决定了制造业的竞争力。生产性服务业的重要意义在于,生产性服务业的发展有利于提升制造业的技术创新能力。生产性服务是制造业的中间投入,生产性服务蕴含的人力资本和知识资本通过这种产业关联导入到制造业中,有利于提高制造业的技术创新效率。生产性服务业与制造业的产业关联不仅能使制造业分享生产性服务业创新带来的租金,从而使制造业的最终产品盈利能力更强,进而增加创新投入,而且制造业还可以经由产业链上与生产性服务业的上下游关系取得技术创新机会。对于产业链条长、生产工艺和流程较为复杂的产品来说,生产性服务业的发展使得制造业可以把非核心环节外包给服务商,可以集中资源用于自身具有竞争优势的环节和技术创新,这样,通过创新资源的整合利用,可以缩短创新周期、降低创新风险并提高创新的成功率。

经济全球化趋势和技术环境的加速变化不断给生产性服务业带来新的挑战,使得生产性服务业越来越多地应用高端的技术、利用高质量的人力资本,生产性

[①] 格鲁伯,沃克. 服务业的增长:原因和影响 [M]. 陈彪如,译. 上海:上海三联书店,1993.

服务业趋向资本、知识和技术密集型的发展方向。其一，现代生产性服务业是新技术的推进者和使用者。制造业的先进技术通过产业关联扩散到产业链上的相关产业，包括生产性服务业，这些产业对新技术的采用给技术发明者带来了创新租金，对新技术的发明起到了促进作用。生产性服务业对于制造业技术创新的重要作用还在于，生产性服务业指引技术发展方向，并促进技术之间的融合发展[①]。例如一些物流公司把一些传统的业务与新服务在某种平台上集成，使得技术之间相互融合利用。其二，生产性服务业在生产过程中积极进行知识创新。一般认为，制造业是技术进步的源泉，服务部门的技术革新只是从其他部门引进技术而发生的。这种观点忽视了服务业不同于制造业的一个重要特征——产销同时性。服务业的这个特征意味着，要使资本内涵型技术产生作用，服务业的组织结构和技术必须发生相应的革新。因此，生产性服务业具有知识创新的作用。[②] 其三，现代生产性服务业对制造业的知识输出促进了制造业的知识创新。伴随着制造业大部分生产服务的外包化趋势，生产性服务活动的专业化分工和知识、技术密集程度不断提高，带来的效应是，产业链中有形物质生产环节所创造的价值份额不断降低，专业化的生产性服务所创造的价值份额不断提高，而且后者有超过前者的趋势。生产性服务的差异是企业在最终产品上形成差异化和竞争优势的重要因素。其四，现代生产性服务业促进了技术和知识的扩散。知识密集型的生产性服务业本身是新技术的使用者，而且，生产性服务业在新技术的应用中，将其与自身领域相关的技术和知识结合起来，可以衍生出许多新知识和技术，这促进了新技术在不同产业以及同一产业内部各节点之间的推广。此外，生产性服务业的技术创新很大程度上伴随着组织技术的创新，这种知识创新以专有知识形态存在，内化于人力资本之中，生产性服务业的人力资本流动促进了技术的溢出和扩散。[③]

（三）生产性服务业促进制造业转型升级

制造业转型升级是摆脱分工体系的产业链价值低端，实现由粗放型增长向集约型增长方式转变的必然要求。为了缓解自然资源和生态环境的约束，各个经济体争相在全球产业链和供应链上展开竞争，努力占据全球产业链的高价值环节。与此同时，我国人均能源、资源相对贫乏，环境承载负荷几近极限。在这种背景下，伴随着资源约束导致的劳动力和土地等生产要素的价格攀升，包括中国在内的发展中国家"低成本投入、低水平扩张、低价格竞争"的粗放型增长方式显然已经不具有可持续性，更不具有竞争力。制造业要具备竞争力并实现可持续发展，必须进行升级，向高附加值的产业链的高端衍生，实现价值增长模式由"硬

[①] 魏江，Mark Boden. 知识密集型服务业与创新 [M]. 北京：科学技术出版社，2004：28－33.
[②] 李平. 技术扩散理论及实证研究 [M]. 太原：山西经济出版社，1999：123－124，133－134.
[③] 郑长娟. 现代生产性服务业在区域创新系统中的作用研究 [J]. 科技管理研究，2005 (9).

化"向"软化"的转变。制造业要实现这一重大转变，离不开具有知识密集特征的生产性服务业的支持。

制造业的转型升级是落实我国"供给侧结构性改革"的重要举措，也有利于缓解我国当前的自然资源和生态环境约束。而减轻自然和生态环境约束的关键在于降低制造业的能耗。生产性服务业往往通过以下几个方面影响制造业的能耗。其一，生产性服务业影响制造业的产业结构。生产性服务不仅是制造业的重要中间投入，直接构成最终产品的附加值，而且还是人力和知识资本等高端生产要素进入制造业的渠道。先进制造业不是孤立存在的，它需要法律、经济和政策等制度环境，缺乏生存的制度环境，先进制造业的市场进入、退出和生产成本都过高。其二，制造业中技术密集型产业的比重增加有利于促进制造业能耗强度的降低。基于产品特征、生产工艺和资源约束等因素的差异，制造业的不同细分产业的能耗强度也高低不一。技术密集型产业能耗低，占据着价值链的高端，技术密集型产业份额的提升是整个制造业升级转型的关键。其三，技术水平的提高可以降低制造业的能耗强度。能源开发利用技术水平的进步使得可用资源的边界得以拓展，以及现有资源的利用率提高，从而降低能耗。而且，通信产业技术水平的进步改进了人类的联络工具，降低了经济的交易成本，从而间接降低了经济运行的能耗。此外，技术进步的水平和速度还影响制造业产业结构调整的能耗效应。

二、制造业拉动生产性服务业发展的机制

（一）需求拉动

根据产业关联理论，制造业和生产性服务业之间最重要的关联是投入产出关联。制造业的生产规模变化通过投入产出关联影响生产性服务业的需求，从而影响生产性服务业的发展。这种作用是通过三个因素形成的：规模经济、专业化水平和交易成本。

《新帕尔格雷夫经济学大辞典》把规模经济定义为：在既定的技术水平条件下，如果在某个生产范围内，生产单位产品的平均成本递减，那么该产品的生产存在规模经济。生产性服务业具有技术密集和知识密集的特征，在产业初始时一般需要购买大额固定资产和高成本技术，这些都可算入固定投入，固定投入一旦完成，由于生产性服务的无形产品特征，则具有非竞争性和边际成本低的优势。制造业规模的扩大对生产性服务的需求随之扩大，生产性服务业的固定投入分摊到更大的产量中，其平均成本降低，规模经济效应得以实现。

斯密认为，分工源于交换的需要，市场范围决定社会分工的发展程度，如果市场过于狭小，则分工会受到限制，当市场足够大时，某些生产环节才会独立出来成为一个产业。市场交换的扩大产生分工和专业化，其原理在于分工和专业化

带来的生产效率提高，由于"干中学"的规律，人在单位时间内从事单一劳动带来的效率提升比从事多种劳动带来的效率提升要高。制造业发展早期，生产性服务只是存在于制造业内部，还没有实现专业化；当制造业自身发展到一定规模后，对生产性服务的需求将达到一定规模，从而使生产性服务业从制造业中分离出来；随着制造业的进一步发展，对生产性服务业的规模和质量将会提出更高的要求，从而推动生产性服务业的专业化。

交易成本是经济学中的重要概念，科斯首次提出了交易成本的概念，威廉姆森将其应用到经济制度的分析中，创立了新的经济学分析范式。交易成本区别于生产成本，它是为促成交易所发生的成本，根据交易成本形成的原因，分为搜寻成本、谈判成本和监督成本等。交易的不确定性、交易频率和资产专用性都会影响交易成本。交易的不确定性低、交易越频繁、资产专用性低，则交易成本越低。制造业的发展扩大了对生产性服务业需求的规模和质量，增加了两者之间的交易频率，通过协同合作，降低了交易的不确定性，从而降低交易成本，间接促进了生产性服务业的发展。

（二）创新提升

制造业的发展不仅通过需求规模推动生产性服务业的发展，还具有促进生产性服务业创新的作用。制造业促进生产性服务业提升创新能力有主动型和被动型之分。

在主动型创新过程中，通过与制造业进行协同创新，生产性服务业的创新能力得以提升。一方面，制造业的发展将提高生产性服务业的技术创新收益。随着消费需求的多样化和升级，制造业面临产品差异化的需要，而生产性服务业正是企业形成差异化产品的重要来源之一。生产性服务业因能从制造业企业中获得一部分创新租金，其从事创新的积极性和资金实力将会提高，在制造业的创新活动中将占据着重要位置。另一方面，创新是有风险的活动，制造业和生产性服务业为具有密切关系的关联产业，制造业的创新活动给生产性服务业的创新提供了可供借鉴的经验，降低了生产性服务业的创新成本，提高了生产性服务业创新成功的概率。

在被动型创新过程中，一方面，制造业企业为生产出具有一定性能和质量的产品，对生产过程必然有一定的要求，生产性服务作为一种重要的中间投入，制造业企业必然对其提出一系列技术标准，因此，生产性服务业必须根据下游产业的产品改进和技术革新活动来从事创新活动。另一方面，服务业的生产和消费是同时进行的，因此，客户参与了整个服务的生产过程，客户的感受和评价对于服务提供者的产品改进极为重要。生产性服务的消费者是制造业企业，因此制造业在消费生产性服务过程中与服务提供商的互动可以促进生产性服务商的创新。

制造业推动生产性服务业创新具有阶段性特征。在生产性服务业最初形成的时期，规模较小、分工和专业化程度尚且不高、利润较微薄，从事创新活动的动力和实力很弱。随着制造业的发展，对生产性服务的需求规模扩大，生产性服务业得到一定程度的发展，在制造业的支持下，开始响应制造业的创新活动，但这一阶段生产性服务业的创新活动仍然是被动的。随着生产性服务业发展到成熟阶段，生产性服务业的创新活动越来越具有协同性的特征，创新活动具有更强的自发性。

（三）结构优化

生产性服务是工业制造品的中间投入，不同类型制造业对生产性服务业的需求规模与需求结构各有差异。制造业根据其生产中要素投入比的差异分为资本密集型、劳动密集型和技术密集型。资本密集型产业其资本–劳动比率较高，具有生产设备多、固定投资规模大、劳动吸收能力有限等特征。机械制造、汽车制造、能源化工等产业属于此类制造业，这类制造业对运营管理、信息技术和现代物流等生产性服务的需求较多。劳动密集型产业其资本–劳动比率较低，具有技术设备相对较少、投资规模小、资金周转快等特点。纺织业、服装业与电子业等消费品行业大多属于此类行业。由于劳动密集型产业投资规模小、资金周转快、产品差异化程度低等特点，该类产业的市场接近于完全竞争市场，市场份额对于企业的生存至关重要，因此，该类产业需求较多的是营销管理领域的服务。在技术密集型产业的生产过程中，知识和技术要素的地位远远高于劳动和资本等传统生产要素，具有知识和技术密集、技术设备多、创新性要求高等特征。微电子和信息产业、新材料与新能源、生物技术等高新技术产业都属于此种类型。技术密集型产业由于产品的技术含量高，更新换代快，设计和研发环节就变得特别重要，因此，该类产业的发展对创新的要求高，在生产性服务业的需求方面，集中于研发、设计和信息咨询等领域。制造业要素依赖程度对生产性服务业需求的影响见表2-3。

表2-3　制造业要素依赖程度对生产性服务业需求的影响

制造业类型	特点	对主要中间生产性服务的需求
资本密集型制造业	资本–劳动比率高，固定投资规模大	运营管理、信息技术和现代物流
劳动密集型制造业	资本–劳动比率较低，资金周转快	营销管理、电子商务
技术密集型制造业	知识和技术密集、创新性要求高	设计、研发、信息咨询

类似地，根据生产过程中技术复杂程度的差异，制造业又可以分为低技术、中技术和高技术制造业；根据制造业发展的阶段，又可以将其分为传统型制造业和现代型制造业。由于对生产性服务的需求差异，每一类制造业对于生产性服务业的影响都是不同的。现代型制造业对现代服务的需求要远远高于传统型制造业。生产链前端需要研发设计服务，中端需要供应链服务，末端需要电子商务和现代物流服务，整个产业链过程需要金融、信息和技术服务。除制造业类型差异之外，地区因素对于生产性服务业的影响也不可忽视。不同地区在市场化程度上的差异会对生产性服务业有所影响，由于专业化分工的收益和规模经济效应，市场化程度高的地区的制造业更有可能把一些非核心环节外包出去，形成专业化程度较高的生产性服务业。市场化程度低的地区，企业之间的竞争不激烈，企业之间进行专业化分工来寻求分工收益和成本降低的动机不强。我国东部地区的生产性服务业比中西部地区更发达，一个重要的因素就是东部地区的市场经济更发达，经济主体的市场意识和市场化程度更高。

第三节 生产性服务业与制造业协同发展的组织机理

这里的组织机理，是指按照生产性服务业与制造业协同发展的目标、任务等，对二者的相互关系、资源配置、运行模式、行为方式等进行安排和调整的方式与方法。经济学的基本理论告诉我们，组织、调节经济活动运行有两种方式，即通常所称的"两只手"：无形的"手"——市场，有形的"手"——政府。而根据德国理论物理学家 H. Haken 的观点，组织的进化形式可以分为两类：即自组织和他组织。有学者认为，"组织力来自系统内部的称为自组织（self-organization）；组织力来自系统外部的，应该称为他组织（heter-organization）。"[1]

本节将生产性服务业与制造业协同发展视作一个系统问题，并认为其组织力来源包括自组织（有形的"手"）和他组织（无形的"手"）两部分。以下分别从自组织角度探讨二者协同发展的内部机理，从政府层面分析二者协同发展的外部机理。

一、生产性服务业与制造业协同发展的"自组织"

自组织理论是 20 世纪 60 年代末建立并发展起来的一种系统理论。它的研究对象主要是复杂自组织系统（生命系统、社会系统）的形成和发展机制问题。从系统论的观点来说，"自组织"是指一个系统在内在机制的驱动下，自动地由

---

[1] 苗东升. 自组织与他组织. 中国人民大学学报 [J]. 1988 (4).

无序走向有序、由低级有序走向高级有序的过程。一个系统的自组织属性愈强，其保持和产生新功能的能力也就愈强。

（一）生产性服务业与制造业协同系统的自组织特征

产业组织在与环境的互动中，形成新的演化形态，不断产生新的功能。生产性服务业与制造业的协同也具有自组织特征，具体有以下特征。

1. 开放性

生产性服务业是由众多的具有密切关联的企业构成的一个系统，制造业也是如此，它们符合开放系统的特征。其一，生产性服务业和制造业分别作为两个系统与各自的环境之间进行着密切的互动。生产性服务业或制造业与环境之间的这种互动表现为生产性服务业或制造业与环境之间进行物质、能量和信息的交换。生产性服务业和制造业的环境，包括政府相关管理部门及其管制政策、行业协会、通信和交通等基础设施、区域投资环境、技术条件等因素。环境因素具有不确定性，环境因素的变化导致生产性服务业或制造业企业调整自身的行为方式，即调整和系统内其他主体以及和环境之间的互动关系模式，以适应环境的要求。其二，生产性服务业和制造业作为两个开放的系统，它们之间也是开放的，不断进行着物质、能量和信息的交流。

2. 动态性

生产性服务业和制造业两个系统之间的协同关系具有动态性特征。产业与环境的变化导致协同关系的动态性，在激烈的市场竞争中适者生存要求协同关系的动态性。在非协同状态下，生产性服务业或制造业应对环境的变化主要是通过以供求关系和价格机制为核心的市场机制进行的。在经济全球化背景下，市场竞争越来越激烈，生产性服务业和制造业应对环境变化的传统方式已经不能适应形势的需要，只有两者在价值链或供应链层面上实现协同，形成一个协同性的竞争合作系统，才能更好地应对挑战和把握机会。

动态性的第一种表现是产业系统受到外部环境的影响。生产性服务业和制造业均是开放性系统，不可避免地受到环境的影响，而环境因素又具有不确定性，时时处于变化中，因此，政策和技术等环境因素的变化必然导致系统的变化。政策环境的变动可以影响一个产业的兴衰，甚至对产业结构产生重大的影响。技术环境的变化同样可以导致产业系统的变化，一项新技术的兴起，可以带动某些产业的发展，而使另一些产业衰落甚至消失。例如，在电子消费品领域，光盘刻录技术的产生使得以磁带为内容载体的影音播放设备制造企业消失，而 DVD 碟机制造企业大批涌现。数码技术和个人电脑的普及对 DVD 碟机又有同样的效果。生产性服务业和制造业就是在这种环境变化中不断改变它们之间以及它们和环境之间的互动关系，使系统不断向更有序、更复杂和更高级的形态演进。

3. 远离平衡态

远离平衡态是系统形成耗散结构的重要特征之一。平衡态是指整个系统呈现出均匀、单一的特点，不存在物理量的宏观流动，是一种混乱无序的状态；不满足上述条件或情况的状态就是非平衡态。与人们的直观常识相反，系统的远离平衡态才是被寻求的。因为，平衡的系统意味着高无序度、结构简单、信息量小，是一种"死"结构。非平衡态分为近平衡态和远离平衡态，处于近平衡态的系统以很大的概率趋向于平衡态；远离平衡态下，系统在某个临界值处到达分叉点，并在某种随机机制下突变并产生新的有序结构——耗散结构，因此，远离平衡态的系统才是组织演化的有序源。

对于生产性服务业和制造业的协同系统而言，平衡态和近平衡态是指简单的产业关联、单一的产业链结构，而远离平衡态是复杂的竞争和分工合作机制、网络化的产业链。当前的政策、技术和市场环境使得生产性服务业和制造业系统处于一个远离平衡态的状态。以电信产业为例，随着互联网和聊天软件的普及，传统的语音业务收入在营业收益中所占份额大幅降低，而数据业务量则急剧增长。技术的变革改变了客户的偏好和需求，从而导致产业链的裂变，产业系统在远离平衡的状态下达到分叉点，进而形成新的产业结构。

4. 非线性相互作用

非线性互动是自组织混沌论的重要特征。生产性服务业与制造业的协同具有显著的非线性特征。系统内的要素之间若是线性关联，由于作用力性质的单一性，要素间的相互作用并不能产生新的性质和结构，只有要素间的非线性关系才能形成相互协同、制约和超循环耦合的特征，进而演化成新的结构。事物间的非线性关联为系统的演化创造了无限的可能，使其具有多样性、曲折性和突变性。

生产性服务业与制造业的关联不限于投入产出关系，而是一个多维、多层次、多目标的关系，呈现极大的复杂性。它们之间的关联不仅是生产性服务业与制造业两个子系统相互关联，还包括构成制造业、生产性服务业子系统的企业之间的相互关联，构成制造业子系统的企业与构成生产性服务业子系统的企业之间的相互关联；而且，两个子系统和环境、整个系统和环境、企业单元和环境之间也呈现关联关系。这种错综复杂的关联使得生产性服务业和制造业的协同关系非常复杂，呈现非线性特征，因为，子系统之间以及构成子系统的企业单元之间具有异质性，使得A、B之间与A、C之间在关联模式上可能有差异。由于生产性服务业和制造业关联的复杂性，生产性服务业与制造业的协同关联就非常复杂，对此传统的线性思维方式不再适用。而且，由于系统要素间作用的非线性特征，生产性服务业、制造业系统或环境中一个要素的变化不是以线性的方式均匀地影响其他因素，而是引起一系列连锁反应，进而反馈到自身，且可能在某些环节产生指数效应。

通过上述对产业自组织特征的分析，并结合生产性服务业和制造业协同发展现状，本研究认为，生产性服务业和制造业之间的关联和协同形成一个有机的系统，二者之间并不是简单的相加关系，二者不能单独存在，而是互为依托；协同产生的功能也不是它们独自运行时可以实现的。生产性服务业和制造业的协同能实现供应链上的资源共享，从而提高资源利用效率，还可以在研发和设计等环节进行合作，实现优势互补和规模经济，两个系统协同和耦合所产生的收益远高于其中任何一个系统单独存在时所能实现的收益。生产性服务业和制造业两个系统协同的整体性表现在静态和动态两方面：从任何一个时点来看，生产性服务业和制造业的各个子系统之间存在产业链意义上的密切关联；从动态来看，生产性服务业和制造业的耦合系统中任何一个子系统的变化都会引起整个系统的变化。生产性服务业和制造业的协同系统是一个复杂系统，任何复杂系统都存在整体与局部的关系。生产性服务业子系统和制造业子系统主要是由众多的企业构成的，这种结构是有其层次性的。

（二）生产性服务业与制造业协同发展的自组织表现

1. 生产性服务业与制造业协同发展的涨落

耗散结构理论指出，涨落导致有序。耗散结构是一个有序化的自组织结构，这种结构是在"突变"而不是"渐变"中产生的。突变的出现源于系统的一个重要特征——随机涨落。系统一直存在一种涨落，这种涨落在方向和强度上是随机的。随机涨落对于系统的演化具有重要意义，它是破坏系统自稳定的内在干扰，是系统演化的触发器、驱动力和诱因。

涨落现象是由于外部环境变化而出现的必然结果。开放的系统一直与环境进行物质、能量和信息的交换。在远离平衡态的条件下，在临界点处，微涨落经由非线性的作用机制成为大的涨落，使系统偏离平衡而向新形态演化，从而使系统达到一个新的宏观态[1]。现代生产性服务业与制造业的协同系统是一个复杂系统，随机涨落是它向新形态演化的内在诱因，其过程如图2-2所示。生产性服务业与制造业协同系统的涨落因子是分层次的：一是协同主体的；二是主体间关系的；三是环境的。协同主体的涨落因子包括：生产性服务业子系统和制造业子系统中企业的数量、规模和行业分布；生产性服务业服务模式及营销管理等方面的变化、服务技术的革新；制造业生产方式或生产技术的革新、制造业的产业内部分工、产业结构升级及产业转移与产业集聚等。协同主体间关系的涨落因子主要有：生产性服务业与制造业投入产出关系和合作模式的改变，生产性服务业、

---

[1] 徐浩鸣. 混沌学与协同学在我国制造业产业组织的应用[J]. 哈尔滨工程大学学报, 2002 (12): 87-99.

制造业和环境之间耦合关系的变化。环境的涨落因子主要有：交通、通信等产业基础设施的改善、资源禀赋变化、技术冲击、市场与价格变动、政策环境变化等。

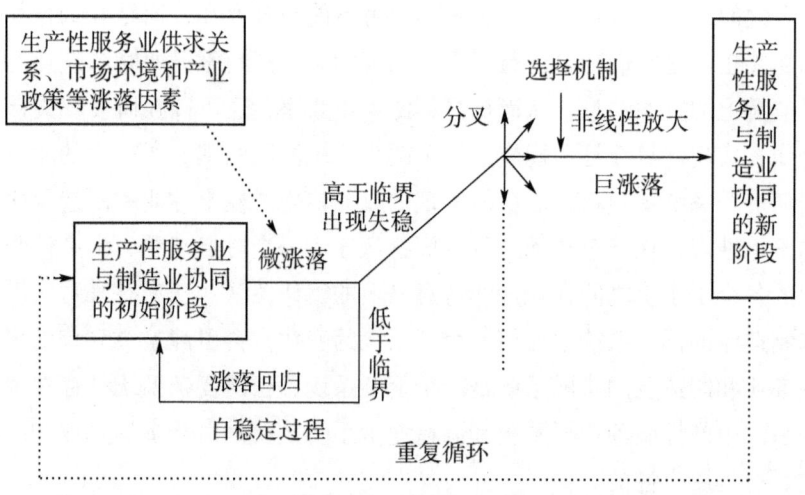

图2-2　生产性服务业与制造业协同发展的涨落过程

生产性服务业和制造业的协同系统是一个非平衡态的系统，经济波动、政策环境、相对价格、技术条件等因素中某一因素的变化都会引起一系列的变化，这些变化通过系统非线性作用机制，成为引起系统相变的巨涨落，使得产业系统朝向一个新方向演化。在外部环境方面，政府鼓励某一个产业发展的激励性政策，或者一项管制性政策，市场上消费者偏好的改变，或者一项技术革新都会形成涨落，这种涨落通过企业的行为反应引起一系列变化，可使产业系统演化到一个新的形态。在产业内部，某个企业研发出一项新技术，采取一种新的管理模式或治理结构，或采用一种新的融资模式，这些活动都会引起其他企业的采用或模仿，进而引起整个行业的革新。

2. 生产性服务业与制造业协同发展的突变

开放系统的随机涨落在特定的条件下会使系统产生突变。突变是事物经过一段时间缓慢、连续的变化后，在一定的外界条件下产生一种不连续变化的现象[1]。生产性服务业与制造业协同系统突变的微观基础是企业变异或突变。产业是同类企业的集合，在环境变动的条件下，企业的异质性使得部分企业在进化中产生变异，当变异达到一定的规模时，企业间的互动模式发生质变，使得产业发生突变。产业突变表现为产业升级或产业衰退，从而引起经济增长或萧条。

---

[1] 赵桂梅. 一类突变条件下的产业系统的演进研究 [J]. 产业经济评论, 2016 (3).

技术突变是产业演化过程中的一种重要类型的突变，它对生产性服务业和制造业协同系统产生重要影响。根据 A-U 模型和技术演进的生命周期理论，技术演进分线性和非线性两个阶段。在线性阶段，技术演进的特征是渐进的和连续的；非线性阶段的技术演进则是非连续和突变的。根据技术演进的阶段论，多西提出了技术范式的概念。技术突变引起产业技术范式的变化，在技术范式的调整期内，产业进行着重大调整。在既定的技术范式下，产业具有生命周期的规律，依次经历形成期、成长期、成熟期和衰退期。当技术范式发生变化时，产业可以经过调整实现重生。技术突变导致产业调整的原理如图 2-3 所示。图中，S_1、S_2 分别表示旧技术和新技术范式下的技术进步轨迹，从 S_1 到 S_2 的转变表示技术突变。设新旧技术范式下产品群的规模为 Q_2、Q_1，则产业规模为 $Q = Q_1 + Q_2$。Ⅰ、Ⅱ、Ⅲ、Ⅳ、Ⅴ分别表示形成期、成长期、成熟期、调整期和振兴期。调整期是新旧产品替换期，由于市场需求的完全转换需要时间、新技术欠成熟、生产要素配套等问题，产业的利润微薄，因此需要正确的产业导向和支持。

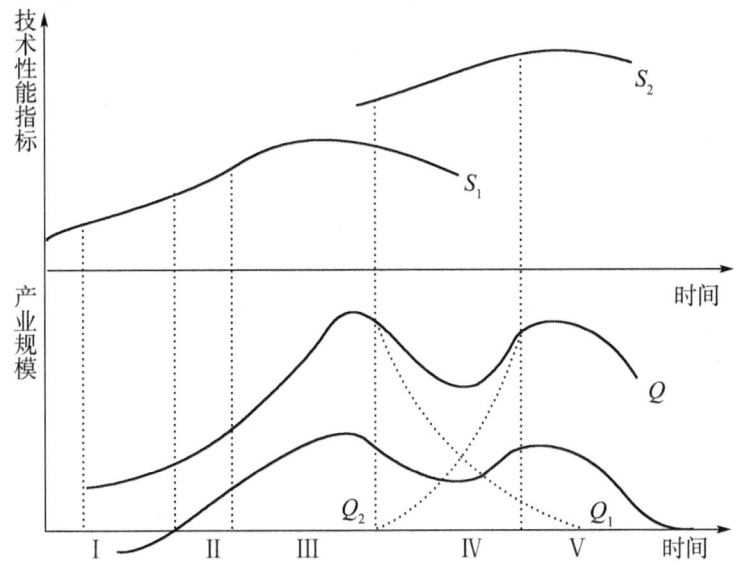

图 2-3　技术突变与产业演化

3. 生产性服务业与制造业协同发展的涌现

涌现是复杂系统高层次的特征和功能，是系统在层级结构层面的一种动态现象，具有不可逆性。系统有序度的提高需要开放性、远离平衡态、随机涨落和非线性相互作用等多个条件，但关键还在于相干效应。相干效应是在子系统之间非线性相互作用的条件下产生的一种效应，它促使系统形成具有一定功能的组织结构。生产性服务业和制造业在协同的过程中，根据技术条件、供求形势和政策环境的变化,以价值创造为目标,加强资源共享和分工协作以获得持续的竞争优势。协同条件下生产性服务业与制造业协同系统的价值创造力可以用以下公式表示:

$$V = \alpha_1 A_1 + \alpha_2 A_2 + \alpha_{12} A_1 A_2 + \alpha_{21} A_1 A_2 \quad (2-8)$$

式中,$\alpha_1 A_1$、$\alpha_2 A_2$ 表示线性作用机制下原子系统价值创造力;$\alpha_{12} A_1 A_2$ 和 $\alpha_{21} A_1 A_2$ 表示生产性服务业与制造业之间非线性协同作用产生的价值创造力,它体现了协同的涌现。由公式可知,涌现效应的强度不仅与参与协同系统的子系统的数量相关,还与作用系数 α 相关。因此,协同效应的大小与系统要素间协同的范围和程度可用图 2-4 表示。

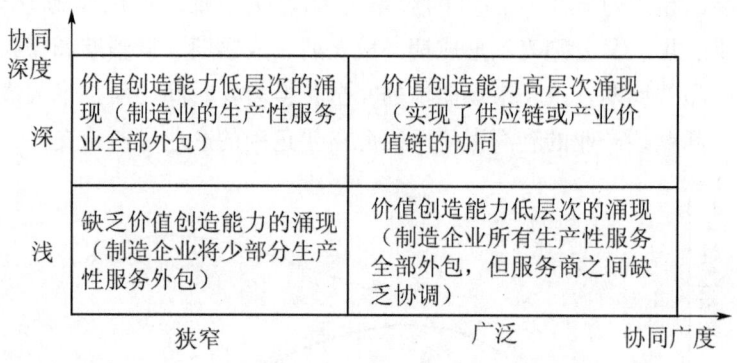

图 2-4 生产性服务业与制造业协同发展的涌现矩阵

生产性服务业和制造业符合复杂适应性理论提出的规律,因而是一个协同系统。构成生产性服务业和制造业协同的子系统与子系统之间、子系统与组元之间、组元与环境、子系统与环境之间产生相互作用,不确定因素不断对系统进行扰动,行为主体不断改变其行为模式以适应环境的变化,从而使系统不断分化,进而产生涌现效应。生产性服务业与制造业协同发展的涌现过程,是生产性服务企业和制造业企业通过学习以提升产业价值创造能力的过程。涌现的本质是在非线性反馈机制的作用下,生产性服务业与制造业协同系统中企业间的适应性关系的变化引发整个系统宏观结构和功能的变化。生产性服务业企业和制造业企业在学习能力和学习方式上的差异引发各种涌现,两个部门企业之间以及同一部门不同产业的企业之间各种层次的合作催生出新的行业和市场。

(三)生产性服务业与制造业协同发展的组织方式

生产性服务业与制造业的协同发展并非随机无序,而是具有"企业衍生—自我强化—网络成长"的规律性。在二者的协同发展中,首先会衍生一些新的行业和业态。如互联网、大数据、云计算与制造业相融合,催生了一系列新的行业、新的业态、新的生产方式;其次,二者的协同融合实现了生产智能化、产品智能化,极大地提升了技术水平和生产效率,提高了产品性能,其过程是不可逆的,具有自我强化的特征;再次,持续的企业衍生和自我强化催生了促进产业协同发展的良好环境,产业集聚程度不断提高,并形成生产性服务业与制造业协同的网络成长环境,为双方的协调发展创造良好条件。

1. 企业衍生

企业衍生是产业协同中的一种重要现象。随着新技术、新市场、新需求的不断涌现,产业间的融合与协同也日趋深入,由此衍生了跨界交叉行业和新兴企业。传统的经济学遵从的是经典力学的分析范式,线性的、机械的是其特征,但后来以马歇尔为代表的经济学家更认可生物演化的研究范式。价格理论是传统微观经济学的核心构成部分,但它的解释力极其有限。惯例遗传、创新变异、环境选择和群体互动是经济现象中尤为值得关注的问题,但以经典力学为研究范式的传统经济学对此是无能为力的,因而必须借助于遵从生物演化分析范式的演化经济学。企业是构成经济体最主要的行为主体,它不是一个按经典力学运行的机械设备,而是具有其形成、生长、演变和衰亡历程的类生命体。企业具有自生成、自变异、自组织和自适应的特征。自变异是生物体内在的禀赋,企业寻求变化和创新也是其内在的自然特征。自组织则是和生物体类似的自适应环境行为,企业调整自身行为以适应环境的特征,当企业之间进行互动时,企业以对方为环境因子,调整自身行为以求得双方的和谐共存。企业寻求变异和创新的行为可能导致两种不同的结果——可能变得更适应环境也可能相反。变得更适应环境的生存下来,不适应环境的被淘汰。企业接收到环境选择的反馈信息,使得企业的创新具有了适应环境的目的性,这就是自适应。

对于企业自变异、自组织和自适应的研究非常之多,而对于企业自生成的研究则较少。企业的制度变迁、知识扩散和技术创新固然是重要的创新和变异内容,但企业的裂变、孵化、重组和并购是同样重要的现象,尤其是企业衍生,它是产业集聚和产业协同中的一个值得分析的重要现象[①]。动物体在成年之前以生理机能的长成为特征,当生理机能成熟而进入成年后,生殖和繁衍则成为其主要的活动。产业集群亦是如此。产业集群的规模有其极限,受地理空间、自然资源等制约,它能容纳的企业数量是有限的,当到达临界点时,集群的规模就会停止扩张而趋向稳定,新企业的产生以老企业的逝去为前提,维持着一种动态平衡。这个阶段,集群的发展以异地孵化为主,即在另一个地理空间上产生一个同质的新的集群。

---

① 李永刚.企业衍生研究导论[J].南昌大学学报(人文社会科学版),2012(2).

2. 自我强化

产业协同极大地提升了产业的技术水平和生产效率，能更好地适应激烈竞争的市场环境，具有自我发展和强化的特征。选择和搜寻是演化过程中的两个重要的因素。纳尔逊（1982）认为，搜寻是系统的创新行为，它具有不可逆性、偶然性、不确定性和依赖性等特征。阿瑟（1988）认为自增强机制使经济系统具有以下四个特征：一是均衡的多重性。系统的选择具有不确定性、不唯一性和不可预测性。二是可能的低效率。技术的选择取决于多种因素，社会福利意义上较优的技术不一定能被采用。三是锁定，系统一旦选择了一个"解"，就很难从中走出来接受其他的"解"。四是路径依赖，经济系统的最初选择受随机事件的影响，而选择一旦形成就牢不可破，从而可能将经济系统锁定在劣等均衡上。

产业融合是产业协同的一种重要形式，也是自我强化的一种表现。通过产业渗透、产业重组、产业互补和产业延伸等形式，一些新的产业得以形成。产业融合具有一种内在的自我强化机制。具体来说，产业融合的自我强化效应有以下五个途径。其一，产业融合产生的新产业使得后续产业融合的基础更加宽广。假定一个经济系统中开始只有两个产业，这两个产业经过融合之后形成一个新的产业，于是，第二轮产业融合的基础就是三个产业。由于融合的基础产业更多，所以新的融合过程就能产生出更多数量的企业。如此，随着融合进程的推进，产业融合的效果不断增强，产业融合必然加速进行。其二，产业融合使原来关联性较弱的产业变得联系密切。例如，A、B两个产业在融合前是两个相关性较弱的产业，经过新兴产业C的渗透后，两个具有技术上或市场上的共性，从而具有了融合的可能性。其三，产业融合弱化产业边界和地区行政区划边界，增加产业融合的机会。产业融合形成的产业间相互影响和渗透使得产业间的边界愈来愈模糊，或者行政区间的行政壁垒被打破，使得产业融合的基础扩大。其四，产业融合可以充分利用人力资源进而降低企业成本。信息搜寻是产业融合过程中的一项重要成本，而先前搜寻到的信息在后期可以无成本地反复使用，所以产业融合边际成本在很长一个期限内呈递减趋势。此外，产业融合使得部分企业员工有机会接触不同产业的产品、技术和管理，从而成长为复合型的人才，这类人力资源会降低产业融合过程中的沟通成本，增加产业融合的机会。①

3. 网络成长

在企业衍生和自我强化发展到较高阶段后，产业集聚水平提高，并最终形成一个良好的网络成长环境。节点、活动和资源是网络的三个基本要素。节点是网络最重要的要素，节点之间的关系构成"链"，链是知识和信息传递的通道。行

---

① 马荣华，尹亚红. 产业融合的自增强机制机制构建［J］. 商业时代，2015（28）.

为主体在参与活动的过程中，伴随着资源的流动和配置，形成一种互动关系。产业间的协同创新网络属于这样一种网络，在一定地理区域内，不同的企业、公共科研机构或其他组织在协同创新的过程中，建立起稳定的、促进创新的各种关系。斯泰勒（1998）认为，企业集群的网络结构越强，其学习特征就越强。卡曼（1991）则认为，行为主体间的联系即是学习过程，彼此从学习中获得了创新与发展的互补性资源。

超循环论是艾根等在研究生命起源过程中所提出的一种理论。超循环是凭借功能耦合形成的循环，它通过竞争、选择和协同等方式，完成了无序向有序、低级到高级的进化。生产性服务业和制造业的协同系统具备进化的四个基本条件。其一，新陈代谢。生产性服务业和制造业的协同系统具有生命体的类似特征，系统中旧企业退出、衰退、消亡，新企业的衍生、进入，形成系统的新陈代谢功能，维持着系统的动态平衡和生命力。其二，自复制特征。遗传和自复制是生物体最重要的特征，遗传和自复制使得生物体在时空中得以维持基本的特征，因此，遗传和自复制是演化的本质特征之一。生产性服务业和制造业协同系统的自复制特征集中体现在产业集群现象上，产业集群具有自我复制的特征，它具有稳定性和适应性。其三，突变性。基因突变是和遗传并列的两大生物规律之一，没有基因突变，就没有演化。生产性服务业和制造业协同系统要随着环境的变化而发展，具有突变性是基本前提。其四，协同进化。超循环论和达尔文的进化论不同，它强调物种之间的协作，进化的目标是选择有利于物种更好地生存的功能结构和状态。生产性服务业和制造业协同系统内的企业之间基于产业链和价值链的交流与合作，为资源共享、提高价值创造能力、双方共同的发展而创造条件。

二、生产性服务业与制造业协同发展的"他组织"

生产性服务业与制造业协同系统是一个开放系统。系统理论认为，开放系统的演化与发展对其外部环境具有极大的依赖性。就生产性服务业与制造业协同系统而言，其外部环境包括政治法律、宏观经济、科学技术、社会文化、自然资源等因素。不难发现，这些因素都受到一只"看得见的手"——政府的直接或间接的影响。有鉴于此，下面仅仅从政府层面来分析生产性服务业与制造业协同发展的外部机理。

（一）政府是产业协同系统运行的主要调节者

政府是产业协同系统运行的主要调节者，其地位是由政府的职能决定的。

1. 政府的职能

政府具有资源配置、收入分配、宏观调控三大主要职能。政府履行资源配置职能的主要方式有：通过税收等调集资源，用于公共产品的提供；通过制定产业政策和财政税收特殊政策,对各种社会资源配置的流向、结构等进行引导;通过制定法律、法规等资源运作规则,以形成各种资源的配置秩序。宏观调控职能即政府通过制定和运用财政税收政策和货币政策,对整个国民经济运行进行间接的、宏观的调控。政府实现资源配置和宏观调控的主要手段包括行政手段、经济手段、法律手段等。行政手段具有强制性、垂直性、无偿性、稳定性和具体性的特点;经济手段具有间接性、有偿性、平等性和关联性的特点;法律手段具有严肃性、权威性、规范性的特点。

显而易见,政府在通过行政、经济、法律等手段实现资源配置和宏观调控职能时,无疑会对生产性服务业与制造业协同系统的演化发展产生直接的有时甚至是决定性的影响。

2. 政府调控的边界

市场有其自身无法克服的弱点和消极方面。为了弥补市场的缺陷,就需要政府担负起相应的经济职能,最大限度地减少市场经济的消极面。政府干预市场不仅仅是为了纠正市场缺陷,更重要的是要超越市场。超越市场意即政府要站在市场之上,控制市场的总体运行,以防止市场自发发展造成的危害。但政府干预应限定在什么规模和范围之内,却是一个难以把握的问题。这是因为一个社会对于政府职能的"需求"是有弹性的,它不仅取决于市场自身在什么地方、什么时候会出现何种缺陷以及会有多大的缺陷,而且还取决于这个社会的政治结构、价值观念、公众意识及各种利益集团的选择。一般而言,政府和市场的边界是模糊的,实践中处理这一问题的总体原则是:凡是市场机制能够充分发挥作用、资源能够实现有效配置的,政府就不要干预;当市场失灵时,或在市场机制不能有效发挥作用的地方,政府就要干预。也就是说,在市场经济条件下,既不能抛开市场机制过度强调政府干预,也不能离开政府搞无政府主义。

总而言之,生产性服务业与制造业协同系统作为整个国民经济系统的一个子系统,其演化发展一方面会受到"看不见得手"——市场的调节,另一方面也会受到"看得见的手"——政府的调节。事实上,政府对于生产性服务业与制造业协同系统的调节是无处不在的,因为市场本身也在政府干预的范围之内。只不过,政府通过市场对生产性服务业与制造业协同系统进行调节时,其路径是迂回的,影响是间接的。而一旦出现市场失灵,政府就必然会运用行政手段对生产性服务业与制造业协同系统进行直截了当的干预。

(二)政府调节产业协同系统的主要方式

总体而言,政府调节生产性服务业与制造业协同系统的主要方式有宏观调控和政府规制。宏观调控对生产性服务业与制造业协同系统的影响是不言而喻的;而政府规制的对象大多是生产性服务业,如电信、电力配送、铁路运输、金融服务等具有自然垄断性的行业。显而易见，政府规制在直接调节部分生产性服务业的同时，必然对生产性服务业与制造业协同系统的运行产生调节作用。

1. 宏观调控

宏观调控（macro-economic control）亦称国家干预，是政府为了保证国民经济持续、协调、健康发展，运用政策、法规、计划等手段对经济运行状态和经济关系进行调节和干预。宏观调控有直接调控和间接调控之分。直接调控，即政府运用行政手段直接协调和调整微观经济主体的行为；间接调控，即政府主要运用经济手段，通过市场机制，影响和引导经济主体的行为。宏观调控的必要性在于：首先，市场机制不是万能的，有些领域不能让市场来调节，有些领域不能依靠市场来调节；其次，即使在市场机制可以广泛发挥作用的领域，市场也存在着固有的且其自身难以克服的缺陷，如自发性、盲目性、滞后性等；再次，宏观调控有利于弥补市场缺陷，从而更充分地发挥市场机制的作用，保证国民经济健康有序地发展。为了有效地实现宏观调控的目标，政府一般会选择以下领域作为重点调控对象：有关国家整体经济布局及国计民生的重大领域、容易产生市场失灵的经济领域、私人力量不愿意进入的领域。

从实践情况看，政府实施宏观调控的着力点一般有以下几个方面。一是科学合理地制定各项经济发展战略和政策。如：中华人民共和国国民经济和社会发展第十三个五年规划纲要（"十三五"规划）、"十三五"国家战略性新兴产业发展规划、《中国制造2025》、创新驱动发展战略、供给侧改革、"互联网＋"、财政政策、货币政策等。政府通过经济和社会发展战略、方针、产业政策，可以控制总量平衡，规划和调整产业布局；通过财政政策和货币政策，可以调节积累和消费之间的比例关系，实现社会总供给和社会总需求的平衡，促进经济健康增长，抑制通货膨胀。二是正确运用价格、税收、信贷等经济杠杆，调节国民收入的分配和再分配，从经济利益上诱导、协调和控制社会再生产各个环节，以保证国民经济平衡发展。三是科学地编制各项经济计划，使其在中长期的资源配置中发挥指导作用，以弥补完全依靠市场配置资源的不足。

2. 政府规制

政府规制（governmental regulation）又称为政府管制，是指政府为维护和实现特定的公共利益，凭借其法定权力对社会经济主体的经济活动所施加的某种限制和约束。政府规制的宗旨是为市场运行及企业行为建立相应的规则，以弥补市场的不足，确保微观经济的有序运行。政府规制属于政府的微观经济管理职能，它与旨在保证经济稳定与增长的宏观调控一起构成政府干预经济的两种主要方式。政府规制的一个根本特征，就是依法管制，也即通常所说的依法行政。换言之，政府规制就是政府行政机构依据法律授权，通过制定规章、设定许可、监督检查、行政裁决和行政处罚等行政手段，对特定经济主体的活动进行限制和控制。

经济学把政府规制划分为经济管制和社会管制两类。经济管制是指对价格、市场进入和退出条件、特殊行业服务标准的规定和限制。一般而言，这是对某些特定产业或特定行业进行的一种纵向性管制。这些行业往往具有某些特点，如自然垄断性。像电信中的本地网络、电力中的配电和输送等，这些行业获得合法垄断，具有合理性和社会效应。但如果他们的服务质量差或价格过高，就会损害购买并使用这些产品的人的利益，因此，政府要在准入管制的同时进行价格管制。此外，对运输、金融证券、广播电视台等媒体的管制也属于经济管制。社会管制主要用来保护环境以及劳工和消费者的健康和安全。社会管制的主要依据是外部不经济和内部不经济。外部不经济是市场交易双方在交易时，会产生一种由第三方或全社会支付的成本，如环境污染、自然资源的掠夺性和枯竭性开采等，政府必须对交易主体进行准入、标准和收费等方面的管制。内部不经济是交易双方在交易过程中，信息不对称造成的非合约成本由信息不足方承担，如假劣药品的制售，所以政府要进行准入、标准以及信息披露方面的管制。

20世纪70年代以来，自然垄断问题逐渐成为政府规制的中心议题，除此之外，外部性、信息不对称性以及与此相关的委托代理问题也相继被纳入政府规制范围。政府对自然垄断产业不仅应进行进入管制，以实现规模经济；还应进行价格管制，以保护消费者利益。根据微观经济学的基本理论，只有当价格等于边际成本时，社会的总福利（包括消费者剩余和生产者剩余）才会最大。但在自然垄断行业，当价格等于边际成本时，企业是亏损的，因为自然垄断行业的生产处于平均成本曲线下降阶段，这时边际成本曲线一定处于平均成本曲线之下，边际成本定价必然使总成本大于总收入，由此导致政府在社会福利与企业利益之间进行取舍的两难处境，并使政府出面对价格进行管制成为必要。否则，企业将为获得更高的利润，而制订较高的垄断价格，从而损害消费者的福利。

第三章 生产性服务业与制造业的协同效应

第二章从"表现——共生、特征——互动、过程——自组织与他组织"三个方面研究了产业的协同发展机理,本章拟从集聚与创新两方面研究产业协同发展的效应。基于空间层面的协同效应是生产性服务业与制造业的协同集聚,基于产业层面的协同效应是协同创新。本章将分别基于分销业和物流业来分析生产性服务业与制造业的协同集聚关系;在阐述生产性服务业与制造业的协同创新系统及其运行机制的基础上,构建博弈模型分析生产性服务业与制造业协同对创新的激励效应,进而分析制造业与生产性服务业在协同创新中的共生演化关系。

第一节 生产性服务业与制造业协同发展的集聚效应

生产性服务业作为制造业的中间投入产业,对制造业的空间布局有着重要影响。由于专业分工的不断深化和产业链的垂直分解,企业"大而全"和"小而全"的生产组织模式逐渐瓦解,制造业的发展越来越依赖于外部化的生产性服务业,生产性服务业与制造业在空间上的协同布局已普遍显现。生产性服务业与制造业二者的协同集聚可以减少交易成本,促进制造业生产效率的提升。

一、产业协同的集聚效应

从过程和结果来看,生产性服务业与制造业的协同集聚效主要表现在两大方面:产业联动和空间联动。

(一) 产业联动

生产性服务业与制造业的产业联动是它们形成协同集聚的内在依据。具体从以下三方面展开分析。

1. 分工与交易费用

集聚的形成原因是循环累积因果关系,它具有自我强化的特征,是经济主体理性选择行为的必然结果。生产性服务业集聚使制造业价值链中一个环节实现专业化和规模经济,产业间具备较多关联性的中间产品催生了垂直专业化。生产性服务业与制造业协同集聚的过程,从根本上说就是产业从纵向一体化向纵向专业化的转型。产业协同集聚使得企业界跨组织、跨行业和跨地域建立社会网络，从而能在更广的范围内获取信息、知识和资源。生产性服务业与制造业的产业关联使得二者的协同集聚可以降低生产和交易成本，形成互相影响、螺旋式上升的产业联动关系。

生产性服务业与制造业的产业联动有坚实的理论基础，专业化分工理论、价值链理论、交易成本理论以及社会网络理论分别从深化分工、降低成本和提升生产效率的角度阐述了产业层面的联动。亚当·斯密在《国富论》一书中对专业化分工的益处有细致的论述，他指出，一国财富增长的根本原因在于专业化分工的不断深化，因为在专业化分工条件下，劳动者较未分工时的判断力、技巧和劳动熟练度都有所提高，从而使劳动生产率有所提高。在市场经济条件下，企业为追求利润最大化，必然寻求通过专业化分工提高劳动生产率。于是，各个产业的生产都趋于精细化。一般而言，一个企业不太可能在多个生产环节同时具有竞争优势，而只能在特定的一个或少数几个生产环节具有优势，这又加速了专业化分工。此外，专业化分工让生产过程更为迂回，生产过程的迂回增加了生产要素的使用效率，从而提高生产效率。制造业的专业化分工产生了生产性服务业。出于交易费用考虑，分离出来的生产性服务业应该在地理上就近于制造业，并且被分离出来的生产性服务业亦会不断地进行部门内部的专业化分工，进而使得生产性服务业也形成产业集聚。

生产性服务业从制造业中分离出来是制造业企业增长过程中为节省交易费用的必然选择。企业和市场是两种不同的组织，它们的边界在于交易费用。根据科斯的解释，市场机制的运行是有成本的，主要包括市场信息搜寻成本、谈判和签约成本、市场不确定性带来的长期契约执行过程中的成本。当在企业内组织一项产品生产的成本比通过市场获得它的成本要低时，企业就会在企业内部组织该项生产，反之则会通过市场解决对该产品的需求。当然，企业的运行也是有成本的，由于管理效率因素，企业组织的交易成本随着企业规模的扩大而提高。随着经济的发展，产品的数量和品种不断增多，制造业企业的规模也随之扩大，致使企业运作的交易费用也随之提高。根据交易费用理论，此时企业把一些业务分离出来交给市场去做是有益的。于是，从制造业中分离出来的业务就被组织成生产性服务业。

2. 价值链匹配与规模经济

价值链匹配是协同集聚的重要内涵。一个企业可以看成是研发、设计、生产、营销、交货以及其他各种活动的集合，价值链是企业在特定业务单元内的这些活动的组合。竞争者在价值链上的差异是竞争优势的关键来源。在产品价值链中，生产性服务业主要从事技术研发、产品设计、运输、仓储和营销等环节，它处于价值链的上游和下游；制造业负责产品生产，位于价值链的中游。生产性服务业位于产业价值链"微笑曲线"的两头，是高附加值的部分，生产性服务价值链向制造业价值链的嵌入对制造业价值提升具有重要意义。生产性服务业与制造业协同集聚，在一定意义上就是二者价值链的协同或匹配问题，表现为分工关系、权力支配关系和利益分配关系等过程的交互作用。陆剑宝（2012）对广东省潮州市制造业的调查研究发现：融资渠道、物流和信息服务、技术创新、贸易环境等方面的问题是这个区域制造业发展的主要障碍因素。广东省的制造业是外向型产业，对外依存度高，位于全球产业链的低附加值位置，这种状况的出现源于生产性服务业与制造业在价值链上的低匹配度。不同产业的价值链在要素密集度上具有不同的特征，大致有劳动密集、资本密集和知识密集三个类型，从而使得不同类型的制造业与生产性服务业在价值链的匹配或协同上具有不同的需求。制造业企业与生产性服务企业在价值链环节上的匹配不当，会导致地区产业整体协同度低、挤出效应高而外溢效应低。

中间产品的规模经济和产业关联是上下游企业集聚的重要原因。"干中学"效应和固定成本分摊会导致的平均成本递减，故企业生产中存在规模经济的现象。规模经济分内部规模经济和外部规模经济。内部规模经济与外部规模经济共同作用是形成生产性服务业与制造业协同集聚的重要因素。企业追求利润最大化的内在动力使得企业具有寻求内部规模经济的动机。为了共享基础设施以获得外部规模经济，相关产业会在空间距离较近的区域内集聚，这是生产性服务业集聚也是制造业集聚的重要原因。在市场规模既定的前提下，一个企业规模经济的实现是以挤占竞争者的市场份额为前提的，因此，内部规模经济加大了行业集中度，这是产业集聚的表现之一。内部规模经济形成了产业协同集聚的动力，外部规模经济则为产业协同集聚提供了自我强化机制。产业关联促使劳动者和具有业务联系的企业在特定区域集中，这种集聚形成的稠密市场能形成规模收益递增效应，因为该区域内的市场参与者都能从劳动力市场、中间产品市场、基础设施、信息共享以及知识和技术外溢等效应中获益。对于企业来说，则形成规模收益递增。

3. 产业关联与集聚效应

生产性服务业与制造业的产业关联也是形成生产性服务业集聚和制造业集聚的重要原因。一是生产性服务业与制造业的投入产出关联促成二者的集聚。处于产业链上端的生产性服务业是制造业的上游产业，制造业形成产业集聚后可以形成对生产性服务的规模化需求，需求的规模化促使生产性服务业产生规模经济。另外，制造业集聚度的提高使一个区域内对生产性服务的需求增加，短期内的供不应求使得服务的价格提高，进而诱使生产性服务企业向该地区集中。生产性服务业集聚带来的成本效应又传导到制造业,进一步加强了制造业的集聚。生产性服务业和制造业协同集聚可以节省交易过程中的信息搜寻费用,包括发现相对价格、寻找交易对象等成本。产业集聚形成的交易成本的降低与交易便利性的提高会加速专业化分工,有利于提高整个产业集群的生产效率。而且,产业集聚降低了信息不对称程度,企业的市场势力减小,有利于市场竞争,从而提高生产效率。同时,企业在地理上邻近会加快知识和信息的流动,从而促进产业融合。生产性服务业和制造业的协同集聚是互补型的产业协同集聚,能产生产业间知识外溢效应。

  生产性服务业集聚对制造业集聚有较强的正反馈效应。一是竞争的外溢效应。生产性服务业集聚后,产业内竞争程度会有所提高,竞争机制迫使企业推进技术创新、降低生产成本、改善服务质量、形成差异化。此外,生产性服务业的集聚促使企业重视最终产品的市场需求。生产性服务业处于产业链的两端,它对终端消费者需求信息的掌握较制造业要深入和充分,通过与制造业共享这些市场信息,可以使制造业更好地满足市场需求,提升制造业的绩效水平。二是协作的外溢效应。产业之间通过协作降低成本或增强差异化,从而形成自己的竞争优势。例如,一个区域内的制造业企业共享物流系统能降低平均物流成本从而获益,生产相关产品的企业共享营销团队能加快提高销售人员的经验积累。地理范围对竞争优势的形成也有积极影响,不同价值链在同一个地理区域内共享基础设施、运输、仓储和采购等辅助价值活动,有利于建立成本节俭的共同体。这一好处进一步强化了制造业和生产性服务业的集聚。从事同一行业的生产性服务企业之间虽存在竞争,但生产性服务业内不同产业间也存在合作的空间。生产性服务业的集聚之所以创造价值,是由于它节约了制造业的交易费用和生产费用。这会使有关联的不同行业的生产性服务业有动力进行协作,例如一个产业集聚区内的物流产业,可以和制造业企业的营销部门、仓储部门协作,整合多方的资源,实现一体化的服务。

  借鉴任迎伟和胡国平(2008)对于产业互动的分析构架,根据产业集聚互补性的强弱和区域经济水平的高低,把生产性服务业与制造业产业集聚的联动形式分为良性、恶性和中性三种形式,如图 3-1 所示。第一象限是互补性较强的产业集聚和较高的区域经济发展水平所形成的组合,它构成生产性服务业与制造业的良性互动。第二象限是较高的区域经济发展水平和互补性较弱的产业集聚的组合,表示经济发展水平较高,但是产业关联度低,溢出效应很有限。类似的是第四象限,产业形成集聚且互补性较强,但区域经济发展水平较低限制了溢出效应的提高。第三象限对应的是较低的区域经济发展水平和互补性较弱的产业集聚,表示产业间的联动性差,要素使用竞争激烈,溢出效应很弱,从而经济效率低下。

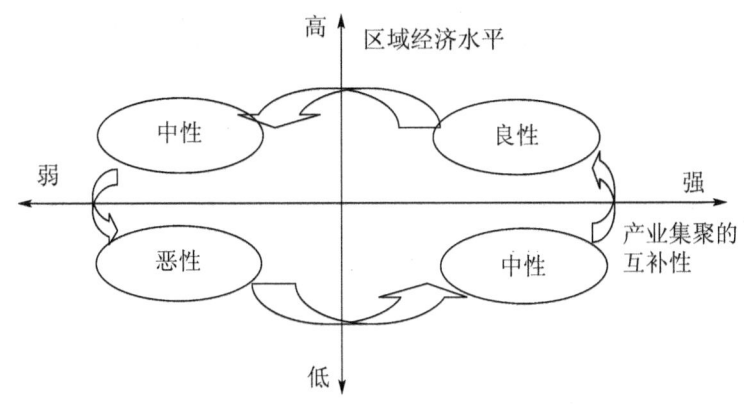

图 3-1　区域经济发展水平与产业集聚关系

（二）空间联动

产业关联只是生产性服务业与制造业协同集聚的必要条件，二者实现协同集聚还有另一个条件——空间联动。空间联动是两个产业部门基于产业关联和协作而实现的在空间上有组织的分布。产业关联是生产性服务业与制造业空间联动的基础。生产性服务业与制造业投入产出关联的空间特征，使得它们在企业的区位选择上互相影响。鉴于两个产业部门的区位选择因素之间有共同性也有特殊性，下面分别从空间的毗邻性与交易成本两个角度对生产性服务业与制造业的空间联动与协同集聚的关系进行阐述。

生产性服务业与制造业的空间布局与协同集聚的互补效应有密切关系。产业集聚有其空间范围，不同类型的产业集聚其空间范围是有差异的，Desmet & Fafchamps（2005）的研究指出，制造业集聚的空间范围为 20～70 km，服务业为 5～20 km。地理位置上的邻近有利于加强产业关联，产业关联的强化反过来又要求区位选择的毗邻性，这样的循环累积效应强化了产业的空间集聚[1]。生产性服务业对制造业的正向外溢效应存在明显的区域边界[2]，因此，产业布局中的空间距离是产业协同集聚的重要问题，它应该有利于产业之间产生外溢效应。按照相互影响的对称性，两个产业的集聚分两种情况：一是两大产业集聚处于一个对称的空间范畴内，辐射区交集对于两个产业集聚区来说是对称的；二是两个产业集聚处于一个非对称的空间范畴，辐射区交集对于两个产业集聚区来说是不对称的，表明两个产业集聚区的相互影响是不对称的，这种情况在中心城市与卫星城

---

[1] 马国霞，田玉军，王志强. 京津冀都市圈经济增长区域差异及其动力机制量化分析 [J]. 中国社会科学院大学学报，2007，24（4）.

[2] 顾乃华. 我国城市生产性服务业集聚对工业的外溢效应及其区域边界——基于HLM模型的实证研究 [J]. 财贸经济，2011（5）.

市、大城市与小城市之间比较常见，如图 3-2 所示。

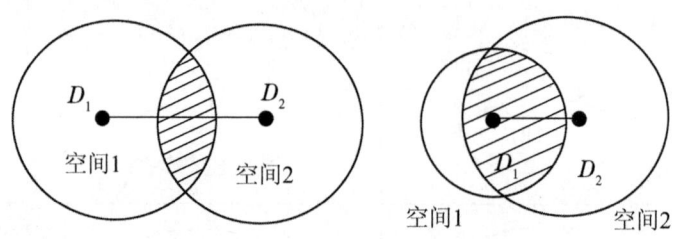

图 3-2 空间距离与产业布局

城市是人口和资本的集中地，是现代经济最重要的载体，它在产业的空间联动中占有重要地位。产业的空间联动与城市的空间布局有密切关系，合理的城市空间布局有利于产业集聚效应的提高。高峰和刘志彪（2008）的研究表明，中心城市的辐射效应决定卫星城市产业集聚的模式选择。城市内部配置和城市间辐射是生产性服务业和制造业协同集聚的两种路径。通过城市内部布局来实现协同集聚有许多局限因素，涉及城区改造，因而成本很高。而通过中心城市对外围卫星城市的辐射来实现生产性服务业和制造业的协同集聚则很有现实意义。例如，卫星城市 B 在某一种高端制造业上具有优势，该产业的发展需要知识密集型的生产性服务；卫星城市 C 在另外一个制造业产业上具有竞争优势，同样需要知识密集型的生产性服务；若中心城市 A 具备为 B 和 C 提供所需的生产性服务的条件，则中心城市 A 就可以通过辐射来提高生产性服务业和制造业的协同集聚的效率与效益。而且，随着交通和通信技术的进一步发展，这种协同集聚的优势更加明显。

产业空间联动的重要条件之一是适度的空间成本。运输成本和商务成本是和空间相关的两个重要成本，垂直专业化可以减少这两项成本。空间成本和产业集聚度并不是线性关系，而是倒 U 形关系，过高和过低的空间成本都不利于产业集聚度的提高，最高的产业集聚度对应着中等水平的空间成本。城市规模也是影响产业协同集聚的重要因素，不同规模的城市在生产性服务业与制造业协同集聚的效应上明显不同。城市规模对于产业协同集聚的影响是通过商务成本的作用产生的（陈国亮、陈建军，2012）。在城市规模较小、制造业发展水平尚且不高的时期，商务成本较低，由于专业化分工程度不高，制造业占主导地位，生产性服务业发展不充分，这个阶段，制造业集聚对生产性服务业的挤出效应占主要地位。随着制造业的发展和城市规模的扩大，商务成本呈上升趋势，两个产业部门的互补效应明显提高，促使生产性服务业和制造业在区位方面加强关联。随着城市规模的进一步扩大，商务成本进一步提高，产业间的互补效应趋于减弱，在资源利用和要素获取方面的竞争性加强，生产性服务业和制造业则由"向心"走向

"离心"。这个规律能够透彻地解释中心城市发展生产性服务业,周边城市发展制造业的产业布局模式。

二、生产性服务业与制造业的协同集聚定位

我国的产业集聚区同质化现象严重,产生了恶性竞争和资源低效利用的弊端,因此,对生产资源进行重新整合,形成城市群或都市圈范围内生产性服务业与制造业在空间上的协同集聚与定位,成为获取区域或产业竞争优势的必要条件。分销业与物流业是生产性服务业中最具代表性的两个产业,因此,以分销业与物流业为代表分析生产性服务业与制造业的协同集聚可以得到具有普遍意义的结论。

(一) 基于分销业与制造业的分析

1. 模型假设

(1) 产品假定。有两个地区——地区 1 和地区 2 的初始条件相同。共有 N 种商品,地区 i 生产 N_i 种商品,$i=1, 2$,且 $N_1 + N_2 = N$。每种商品只在一个维度上有差异,差异是离散的,有 m 个取值,可以理解为每种商品有 m 种花色或款式。不讨论单种商品的售价,而讨论所有商品的售价。商品分为完美商品和不完美商品,商品组合中若全是完美商品则售价为 $\overline{P}$,若其中含不完美商品,则商品组合的售价为 $\overline{P}Y(\cdot)$,$Y' < 0$,$Y'' > 0$。

(2) 消费者假定。假设消费者具有一致的偏好,且每个地区的消费者对每种商品的需求量为 m。消费者视野中的商品差异是连续性的,用 θ 表示消费者偏好的不确定性,对于某一种类商品,消费者对其中 θ 比例的选项有较高的偏好,因此,θ 值越小,表示消费者越挑剔。可知,每种商品组合中,消费者合意的差异商品数量为 θm。

(3) 分销商假定。两个地区分别拥有同等数量的分销商,且分销商的厂址既定,除厂址外,同一地区的分销商是同质的。对于分销商来说,消费者的需求具有不确定性。一个地区的分销商要满足消费者的需求,有两种途径:持有足够的存货;使得所有产品都有制造商分布在该地区。分销商对每种商品持有数量为 m,分销商对每种商品的订单是由一组在一个维度上有差异的子商品序列构成的。

(4) 信息假定。消费者的挑剔程度是人所共知的,即 θ 值对于所有参与者来说是共同知识。但分销商是否了解消费者偏好哪些款式则视具体情况而定:对于本地生产的商品,分销商了解消费者的偏好;对于外地生产的商品,分销商则无所知。而消费者的偏好是变动的,受流行趋势的影响,再加上流行趋势是难以预测的。因此,对于本地商品,分销商根据地理优势和历史经验,可以在充分了解

消费者偏好之后再进行订购；而对于外地商品，由于运输时间以及其他方面的原因，分销商在了解消费者偏好方面存在困难，故必须在了解消费者偏好之前订购。

2. 模型推导

下面分析地区 1 典型分销商的利润函数。分销商首先向地区 2 的厂商下订单，在了解到消费者对本地商品的需求偏好后再向本地厂商下达订单，未销售完的产品作为库存进入下一期销售。对于每种本地商品，由于了解消费者的偏好，分销商应该持有 θm 种差异产品，每种差异产品持有数量为 $1/\theta$，这样，持有的某种商品的下属差异商品数量之和刚好为 m。由于运输上便利，分销商对每种本地商品的订购量刚好为需求量 m。而对于外地商品，为及时满足消费者的需求，允许有一定的库存，而不必使商品的订购量刚好等于需求量。由于分销商不能确切了解消费者对于外地商品的偏好，所以对于每种外地商品，分销商都持有一个包含全部差异产品的商品组合，每种差异产品订购量为 q，该商品的订购量为 mq。q 的取值范围是 $[1, 1/\theta]$。由于每种商品组合中合意商品的种类数为 θm，所以每组商品中，合意商品的数量为 θmq。当 $q = 1$ 时，商品订购量刚好等于需求量 m，其中比例为 θ 的差异商品是令消费者合意的，所有商品销售完毕，无库存。当 $q = 1/\theta$ 时，每组商品中合意商品的数量为 m，它能完全满足所有消费者的需求，但由于 $mq = m/\theta > m$，即订购量大于需求量，每组商品有 $m(q-1)$ 的库存。当 $1 < q < 1/\theta$ 时，合意商品的数量 θmq 小于需求量 m，因此只有 θq 比例的消费者需求被完全的满足，比例为 $1 - \theta q$ 的消费者只能接受偏好低的商品。小于 1 或大于 $1/\theta$ 的订购量不被考虑，因为小于 1 时消费者需求不能被满足，大于 $1/\theta$ 时订购量库存过高，且没有必要。地区 1 的典型分销商的利润函数为：

$$\Pi_1 = \theta q \overline{P} + (1 - \theta q)\overline{P}Y(N_2) - (q-1)c_S N_2 - (mpN_1 + mqpN_2) \quad (3-1)$$

其中，第一项和第二项之和表示商品的销售收入，因为只有 θq 比例的消费者购买到合意的商品，即商品组合中包含了消费者不合意的商品，所以商品总售价应该是 $\overline{P}$ 和 $\overline{P}Y(N_2)$ 的加权平均。第三项是库存成本，c_S 是持有一种商品组合的单位库存成本。第四项是商品的进货成本，p 是每种差异商品的售价。分销商面临的问题是选择使利润最大的 q。

当 $q = 1$ 时，有：

$$\partial \Pi_1 / \partial N_2 = (1 - \theta)\overline{P}Y'(N_2) - mp < 0 \quad (3-2)$$

$$\partial^2 \Pi_1 / \partial N_2^2 = (1 - \theta)\overline{P}Y''(N_2) > 0 \quad (3-3)$$

当 $q = 1/\theta$ 时，有：

$$\frac{\partial \Pi_1}{\partial N_2} = c_S - \frac{c_S}{\theta} - \frac{mp}{\theta} < 0 \quad (3-4)$$

$$\frac{\partial^2 \Pi_1}{\partial N_2^2} = 0 \tag{3-5}$$

因此，$q=1$ 时，π_1 关于 N_2 的函数表现为一条凸的递减的曲线，$q=1/\theta$ 时，π_1 关于 N_2 的函数则表现为一条凹的曲线，它们分别表示分销商库存最小和最大时的预期收益。对于外地商品而言，分销商在库存最高和为零时的预期收益应该相等，即 $q=1$ 和 $q=1/\theta$ 时，分销商预期收益 π 相等，此时，$\theta\overline{P}[1-Y(N_2)] > c_S N_2$。

类似地，对于地区 2 的分销商来说，容易得知，其预期收益为：

$$\Pi_2 = \theta q \overline{P} + (1 - \theta q)\overline{P}Y(N_1) - (q-1)c_S N_1 - (mpN_2 + mqpN_1) \tag{3-6}$$

可知，$q=1$ 时，$\partial \Pi_2/\partial N_2 > 0$，$\partial^2 \Pi_2/\partial N_2^2 > 0$，$\Pi_2$ 关于 N_2 的函数表现为一条凸的递增的曲线。$q=1/\theta$ 时，$\partial \Pi_2/\partial N_2 > 0$，$\partial^2 \Pi_2/\partial N_2^2 = 0$，$\Pi_2$ 关于 N_2 的函数表现为一条递增的直线。根据 N_2 和 $\max\Pi_1 + \max\Pi_2$ 的关系可以得知，当所有制造商位于同一个地区时，实现了效率最大化。此时，制造商集聚地区的分销商销售消费者合意的商品，库存为零。另一个地区的分销商从前一个地区采购商品，其中有一部分不是消费者合意的。

（二）基于物流业与制造业的分析

1. 基本假设

考虑一个两要素、多产品和两地区的经济系统。两个地区分别记为 H 和 F，两种要素分别为复杂劳动和简单劳动，分别记为 L 和 A，同时，L 和 A 分别表示整个经济系统的复杂劳动与简单劳动数量之和。简单劳动 A 在两个地区均匀分布，每个地区拥有的简单数量为 $A/2$，且简单劳动的所有者在地区间是不可流动的。短期内，复杂劳动的分布是既定的，由短期均衡确定，λ 表示位于 H 地区的复杂劳动占复杂劳动总量的份额，$\lambda \in [0,1]$，长期内，复杂劳动的空间分布是可变的，是由经济因素内生决定的。每个地区都有三个部门——农业部门、制造业部门和物流部门。农业部门具有完全竞争市场的特征，生产一种同质化的产品，一单位简单劳动生产一单位农产品。农产品具有计价单位的职能，农产品价格为 1，即 $p^0 = 1$。

假设共有工业品种类数为 N。以 q_0 表示消费者对农产品的消费量，$q(i)$ 表示对第 i 种工业品的消费量，以准线性二次效用函数来表示典型消费者的偏好：

$$U(q_0;q(i)) = \alpha \int_0^N q(i)\mathrm{d}i - \frac{\beta-\gamma}{2}\int_0^N [q(i)]^2 \mathrm{d}i - \frac{\gamma}{2}\Big[\int_0^N q(i)\mathrm{d}i\Big]^2 + q_0 \tag{3-7}$$

式中，$\alpha > 0$，$\beta > \gamma > 0$；α 表示消费者对工业品的偏好强度；β 表示对特定种类产品的偏好程度；$\beta > \gamma$ 表示消费者偏好于更加多样化的消费组合，对于给定的 β 值，γ 表示差异化工业品之间的替代程度。准线性二次效用函数具有凹性特征，

即 $\frac{\partial U}{\partial q(i)} > 0$，$\frac{\partial^2 U}{\partial q(i)^2} < 0$，消费行为边际效用递减。

每个消费者初始时都拥有劳动能力和 $\bar{q}_0$ 单位的计价品，则消费者的预算约束为：

$$\int_0^N p(i)q(i)\mathrm{d}i + q_0 = y + \bar{q}_0 \qquad (3-8)$$

式中，y 表示消费者的劳动收入，$p(i)$ 表示第 i 种工业品的价格。假设个体的初始禀赋 $\bar{q}_0$ 足够大以使得个体对计价物的均衡消费为正，在这个假设下，我们寻求唯一的内部解。虽然这种简化会带来成本，但是，它对我们的分析有很多好处。消费者偏好于多样化产品组合的假设并不意味着很小的制造业部门，只是要求在差异化产品上的均衡支出份额小于 1。把预算约束变形，解出 q_0 代入式（3-7），关于 $q(i)$ 的消费者效用最大化的一阶条件为：

$$\alpha - (\beta - \gamma)q(i) - \gamma \int_0^N q(j)\mathrm{d}j = p(i), i \in [0, N] \qquad (3-9)$$

因此，第 i 种产品的需求为：

$$q(i) = a - bp(i) + c\int_0^N [p(j) - p(i)]\mathrm{d}j \qquad (3-10)$$

其中，$a = \alpha/[\beta + (N-1)\gamma]$，$b = 1/[\beta + (N-1)\gamma]$，$c = \gamma/(\beta-\gamma)[\beta + (N-1)\gamma]$。$c$ 增加表示一组工业品中的产品种类的多样化程度增加。如果所有价格都等于 p，则对差异化产品的总需求等于 $aN - bpN$，它独立于 c。式（3-10）具有一个令人满意的性质：当参数 c 变化时，产业的市场规模不变。更一般地，在 a 和 b 不变的条件下，c 随着 γ 的增大（减小）而增大（减小）。以 $b + cN$ 衡量的自价格效应强于以 c 衡量的单个的交叉价格效应，也强于以 cN 衡量的总交叉价格效应。因此，不仅要考虑不同价格水平下的弹性，而且要考虑不同的成对产品之间的替代弹性差异。

下面转到供给端，农业部门的生产技术要求一个单位的简单劳动生产一单位产品。由于农产品的自由贸易，两个地区的非技术性劳动者的工资都等于 1，即 $w_H^A = w_F^A = 1$。制造业部门的生产技术对于企业规模有一定限制，一个企业雇佣的技术性劳动者的数量为 φ，这意味着，生产的边际成本为零，这个简化的假设在很多产业组织类模型中是常见的。很显然，φ 是衡量制造业部门收益递增程度的一个参数。若把区域 H 和 F 内企业总数记为 n_H 和 n_F，则有：

$$n_H = \lambda L/\varphi \qquad (3-11)$$
$$n_F = (1-\lambda)L/\varphi \qquad (3-12)$$

相应地，经济系统中的企业总数恒等于 $N = L/\varphi$，即有 $n_H + n_F = N$。这意味着，在均衡中，φ 可以视为企业规模的一个相反的度量。式（3-11）和式（3-12）表明，劳动力越多的地区，所拥有的企业份额也就越大，同时，一个地区劳动力的数量变化会导致该地区企业数量的变化。

均衡的工资水平,取决于这样一个事实:由于进入与退出自由,企业的利润为零。克鲁格曼(1991)指出,均衡工资取决于企业之间对于劳动力的竞标,在均衡价格时没有一个企业能获得正利润,此时,竞标结束。换句话说,所有经营利润都作为工资分配给劳动者。由于交易成本为正,企业有能力分割市场,也就是说,每个企业在自己的市场中制定一个特定的价格。实证研究表明,只要存在一点交易成本,企业就能在空间上分割的市场之间成功地实施价格歧视。由于 F 地区的相关结论能对称地推导得出,因此集中讨论 H 地区的情况。

若以 p_{ij}(i,j = H,F)表示在地区 i 生产在地区 j 销售的产品,以 q_{HH}、q_{HF} 分别表示 H 地区一个代表性企业在 H 地区和 F 地区面临的需求,给定:

$$q_{Hj} = a - (b + cN)p_{Hj} + cP_j \quad (j = \text{H,F}) \quad (3-13)$$

其中,$P_H = n_H p_{HH} + n_F p_{FH}$,$P_F = n_H p_{HF} + n_F p_{FF}$。因此,H 地区一个企业的利润可以表示为:

$$\Pi_H = p_{HH} q_{HH}(p_{HH})(A/2 + \lambda L) + (p_{HF} - \tau) q_{HF}(p_{HF})[A/2 + (1 - \lambda)L] - \varphi w_H$$
$$(3-14)$$

其中,w_H 表示 H 地区的技术性劳动力的工资。$A/2 + \lambda L$ 表示 H 地区拥有的劳动者数量,$q_{HH}(A/2 + \lambda L)$ 表示 H 地区对于 H 地区某个企业的需求量,因此,第一项表示 H 地区企业在 H 地区的销售收入,第二项表示该企业在 F 地区的销售收入,第三项是企业的经营成本。

在我国,物流行业具有垄断竞争的市场结构特征。其一,物流行业具有竞争性行业的特征,Mercer 公司对我国第三方物流市场的调查显示,我国物流企业没有一家企业的市场份额高于 2%,小型企业是物流企业的主要存在形式。其二,物流企业具有一定的市场势力。由于客户的需求不同,物流服务在一定程度上具有定制的特征。

假设物流行业有 m 个物流企业提供物流服务,且具有相同的生产技术。假设物流的固定成本和单位可变成本分别为和 ω 和 ν,q 是物流企业运送差异化产品的数量,Q 是运输部门的总运输量,则物流企业的利润函数为:

$$\Pi_T = q[\tau(Q) - \nu] - \overline{\omega} \quad (3-15)$$

2. 短期均衡

在这部分,我们分析在既定的劳动力空间分布下企业之间的竞争过程。均衡的价格由利润最大化决定,工资取决于经营利润为零。假设单个企业的行为对市场无影响。因此,H 地区的一个企业在决定其产品价格时是不会考虑它的决策对于价格指数 P_H 和 P_F 的影响。此外,由于企业销售的是差异化产品,每个企业都具有一定的垄断势力,因此它面临一个有限弹性的需求函数。

迪克西特和斯蒂格利茨使用 CES 函数时，假设单个企业能独立地决定其价格，这是因为价格指数作为一个乘数项进入需求函数。因本研究价格指数以求和项进入需求函数，故这个结论在本研究的模型中不再成立。换句话说，一个企业必须考虑所有企业的价格分布以寻求均衡价格，在这里，关于价格分布的统计用价格指数来表示。因而，市场解是一个纳什均衡，在此，价格是相互依赖的。每个企业都忽视其对市场的影响，但市场作为一个整体显然对每个企业的行为有不可忽视的影响。均衡价格取决于市场的某些关键特征，而不是由一个简单的定价机制给定。

由于利润函数是凹的，解利润最大化问题关于价格的一阶条件可得均衡价格。互动模式是垄断竞争模型的特征，为说明这种互动模式，需要描述均衡价格如何决定。假设在单个企业的价格水平对价格指数没有影响的条件下，H 地区的企业 i 可实现其利润最大化 Π_H，对称地，可以得到 H 地区其他企业的价格水平。因此，将它们表达为 $p_{HH}^*(P_H)$ 和 $p_{HF}^*(P_F)$ 的线性形式。它们必须满足下列关系：

$$n_H p_{HH}^*(P_H) + n_F p_{FH}^*(P_H) = P_H \qquad (3-16)$$

$$n_H p_{HF}^*(P_F) + n_F p_{FF}^*(P_F) = P_F \qquad (3-17)$$

由式（3-11）、式（3-12）及式（3-13）易得：

$$p_{HH}^* = \frac{2a + \tau c(1-\lambda)N}{2(2b + cN)} \qquad (3-18)$$

$$p_{FF}^* = \frac{2a + \tau c \lambda N}{2(2b + cN)} \qquad (3-19)$$

$$p_{HF}^* = p_{FF}^* + \frac{\tau}{2} \qquad (3-20)$$

$$p_{FH}^* = p_{HH}^* + \frac{\tau}{2} \qquad (3-21)$$

因此，垄断竞争条件下的均衡价格取决于需求和企业在地区间的分布。当一个地区的企业数量增加时，本地企业和外地企业索取的价格都会提高，因为价格竞争更为激烈。但是，τ 越小，这种效应越弱，在极限条件下，τ 小到可以忽略不计，企业的空间定位对市场价格几乎无影响，在这种条件下，价格独立于企业在两个地区间分布。当对差异化产品的合意程度提高时，或产品差异程度提高时，均衡价格也会提高。再者，由于只有很小一部分交易成本转移到消费者身上，因此企业免收运费。因此，有：

$$p_{HF}^* - p_{HH}^* = \tau \frac{b + c\lambda N}{2b + cN} \qquad (3-22)$$

$$p_{FH}^* - p_{FF}^* = \tau \frac{b + c(1-\lambda)N}{2b + cN} \qquad (3-23)$$

面临线性需求函数的垄断者吸收了一半的交易成本，与此对比，当运输市场较小时，垄断竞争者减少的运输成本比垄断者小，而当运输市场较大时，垄断竞争者减少的运输成本比垄断者大。为向外地市场渗透，竞争机制使得企业在定价上形成一个差距，这种差距取决于本地市场和外地市场规模的对比。很容易验证，p_{HH}^*（或 p_{FF}^*）关于 τ 递增，因为 H（或 F）地区的企业受到的外来竞争要小，同时，因为企业在外地市场销售产品越来越难，$p_{HF}^* - \tau$（或 $p_{FH}^* - \tau$）关于 τ 递减。价格差异小于交易成本，所以套利活动也不是有利可图的。最后，需求碰巧和另一地区的需求函数一致，但是价格水平不一样。

从外地市场的产品定价中扣除单位交易成本后，可以看到，当且仅当下式成立时不论劳动力分布状况如何，不含交易成本的价格恒为正：

$$\tau < \tau_t = \frac{2a\varphi}{2b\varphi + cL} \tag{3-24}$$

要使 F 地区的消费者购买 H 地区企业生产的产品，相应的条件必须得以满足，即对于所有的 λ 来说，满足式（3-18）和式（3-19）的式（3-13）恒为正。假设式（3-24）成立，则存在产业内贸易和相互倾销。当 $\varphi = 0$ 时，每个区域内所有可能的产品种类都会生产，从而变成自给自足的状况。更一般地，容易得到：

$$\frac{d\tau_t}{d\varphi} > 0, \frac{d\tau_t}{d\gamma} < 0 \tag{3-25}$$

根据式（3-13）以及式（3-16）～式（3-21），容易求得：

$$q_{HF}^* = a - \frac{\tau(b + cn_F)}{2} - bp_{FF}^* \tag{3-26}$$

$$q_{FH}^* = a - \frac{\tau(b + cn_H)}{2} - bp_{HH}^* \tag{3-27}$$

物流服务需求等于区域间的贸易总量：

$$Q(\lambda, \tau) = n_H \left[\frac{A}{2} + (1-\lambda)L\right] q_{HF}^* + n_F \left(\frac{A}{2} + \lambda L\right) q_{FH}^* \tag{3-28}$$

整理得到物流服务的需求函数与反需求函数：

$$Q(\lambda, \tau) = \sigma_0 - \sigma_1 \tau + \sigma_2 \lambda(1-\lambda)(v - \tau) \tag{3-29}$$

$$\tau(Q) = \frac{\sigma_0 + v\sigma_2 \lambda(1-\lambda) - Q}{\sigma_1 + \sigma_2 \lambda(1-\lambda)} \tag{3-30}$$

其中，$\sigma_1 = b\sigma_0/a$，$\sigma_2 = N^2[4b\varphi + c(A+L)(b+cN)]/[2(2b+cN)]$，$\sigma_0 = aAN(b+cN)/[2(2b+cN)]$，$v = 4a\varphi/[4b\varphi + c(A+L)]$。$\sigma_0$、$\sigma_1$、$\sigma_2$ 和 v 都大于 0，满足 $\sigma_0 - v\sigma_1 > 0$。

其中，第一项是地区 F 对位于 H 地区企业的产品需求，第二项是地区 H 对位于地区 F 企业的产品需求。将式（3-18）、式（3-19）代入式（3-26）、式

(3-27) 后整理并代入式 (3-28), 可得 Q 是关于 λ 和 τ 的函数。对 Q 关于 λ 求偏导可得：

$$\partial Q(\lambda,\tau)/\partial \lambda = \sigma_2(2\lambda - 1)(\tau - v) \quad (3-31)$$

其中, $\sigma_2 > 0$, $v = 4a\varphi/[4b\varphi + c(A+L)]$。因此, 当 $\tau > v$ 且 $1/2 < \lambda < 1$ 时, Q 关于 λ 递增。λ 大于 $1/2$ 表示制造业向 H 地区集中, λ 越大表示 H 地区的制造业企业越多, 因此, 随着制造业企业向 H 地区集聚, 地区间贸易量增大, 从而物流服务需求也呈增长趋势。当 $\tau > v$ 且 $0 < \lambda < 1/2$ 时, Q 关于 λ 递减。λ 小于 $1/2$ 表示制造业企业向 F 地区集中, λ 越小即 $1-\lambda$ 越大, 表示 F 地区的制造业企业越多, 因此, Q 关于 λ 递减表示, 随着制造业向 F 地区集聚, 地区间贸易量增大, 从而物流服务需求也呈增长趋势。所以, 当物流服务价格高于 v 时, 制造业集聚引起贸易量增加, 从而促进物流服务业的增长。当 $\tau < v$ 时, 若 λ 小于 $1/2$, Q 关于 λ 递增, 若 λ 大于 $1/2$, Q 关于 λ 递减。这表示, 地区间贸易量随制造业集聚而缩减。区域间的贸易由进口和出口构成, 进口或出口的增加都会促进贸易量的增长, 制造业向一个地区的集聚会使得该地区从另一个地区的进口减少, 而该地区向另一个地区的出口增加。

令 $Q = mq$, 令 Π_T 最大化, 由一阶条件可得：

$$q^* = Q(\lambda, v)/2m \quad (3-32)$$

即有 $Q^* = Q(\lambda, v)/2$, 将其代入物流服务的反需求函数式 (3-30), 可得物流服务的均衡价格：

$$\tau^*(\lambda) = \frac{v}{2} + \frac{\sigma_0 + \sigma_2 v\lambda(1-\lambda)}{2[\sigma_1 + \sigma_2\lambda(1-\lambda)]} \quad (3-33)$$

为探求物流服务价格与制造业集聚度之间的关系, 求 τ 关于 λ 的导数：

$$\frac{\partial \tau^*}{\partial \lambda} = \frac{\sigma_2}{2}\frac{(\sigma_0 - \sigma_1 v)(2\lambda - 1)}{[\sigma_1 + \sigma_2\lambda(1-\lambda)]^2} \quad (3-34)$$

可知, $1/2 < \lambda \leq 1$ 时, τ 关于 λ 递增, 这说明, 当制造业在 H 地区集聚时, 随着集聚度的提高, 物流服务的价格也随之提高, 这是因为制造业的集聚降低了制造业对物流服务的需求弹性。

物流服务业是一个垄断竞争的行业。垄断竞争行业自由进入的特点决定了在竞争均衡时单个企业的利润为零。从事物流行业要投入数量不小的固定成本, 这使得进入物流行业的企业数量不是很大。由式 (3-33) 可知, 在均衡状态下, 物流企业的均衡利润为零, 即 $Q(\lambda, \tau^*)(\tau^* - v)/m - \overline{\omega} = 0$, 可得物流行业竞争均衡时的企业数量：

$$m^*(\lambda) = \frac{[Q(\lambda, v)]^2}{4\overline{\omega}[\sigma_1 + \sigma_2\lambda(1-\lambda)]} \quad (3-35)$$

由于 λ 和 m 的大小可以反映制造业企业和物流服务业的集聚度, 为研究制造业集聚与物流业集聚之间的关系，求 m^* 关于 λ 的导数：

$$\frac{\partial m^*}{\partial \lambda} = \frac{\sigma_2 Q(\lambda,v)(1-2\lambda)\{(v-\nu)[\sigma_1+\sigma_2\lambda(1-\lambda)]-(\sigma_0-v\sigma_1)\}}{4\overline{\omega}[\sigma_1+\sigma_2\lambda(1-\lambda)]^2}$$

(3-36)

令 $g(\lambda) = Q(\lambda,v)$，$h(\lambda) = (v-\nu)[\sigma_1+\sigma_2\lambda(1-\lambda)]-(\sigma_0-v\sigma_1)$，$g(\lambda)$ 和 $h(\lambda)$ 都可视为关于 λ 的二次函数，对应抛物线的对称轴都是 $\lambda = 1/2$。令 $\xi_1 = \dfrac{8\sigma_1 v + \sigma_2 v - 4\sigma_0}{4\sigma_1 + \sigma_2}$，$\xi_2 = \dfrac{4\sigma_0 + \sigma_2 v}{4\sigma_1 + \sigma_2}$，根据 $\sigma_0 - v\sigma_1 > 0$ 容易得知 $\xi_1 < v < \xi_2$。令 $g(\lambda) = 0$ 的判别式为负，分两种情况：若 $\nu > v$，则根据判别式为负可得 $\nu > \xi_2$，结合 $\xi_1 < v < \xi_2$ 可得 $\nu > v$，显然，与假设矛盾，故 $\nu > v$ 时判别式为负不可能；若 $\nu < v$，则根据判别式为负有 $\nu < \xi_2$，即 $\nu < v < \xi_2$ 时，$g(\lambda)$ 恒为正。同理，令 $h(\lambda) = 0$ 的判别式为负，分两种情况：若 $\nu < v$，则根据判别式为负可得 $\nu < \xi_1$，结合 $\xi_1 < v < \xi_2$ 可得 $\nu < v$，显然，与假设矛盾，故 $\nu < v$ 时判别式为负不可能；若 $\nu > v$，则根据判别式为负有 $\nu > \xi_1$，即 $\xi_1 < v < \nu$ 时，$h(\lambda)$ 恒为负。

令 $\zeta_1 = \dfrac{(2\sigma_1 v - \sigma_0)}{\sigma_1}$，$\zeta_2 = \sigma_0/\sigma_1$，由 $\sigma_0 - v\sigma_1 > 0$ 容易证得 $\zeta_1 < \xi_1 < v < \xi_2 < \zeta_2$。当 $\nu < \zeta_1$ 时，$h(\lambda)$ 是开口向下的抛物线，根据 $h(\lambda)$ 及其图像性质，若 $h(0) = h(1) = \sigma_1(2v-\nu) - \sigma_0 > 0$，即 $\nu < \zeta_1$ 时，对于 $\lambda \in [0,1]$，$h(\lambda)$ 恒为正。同理，当 $\nu > \zeta_2$ 时，$g(\lambda)$ 是开口向上的抛物线，若 $g(0) = g(1) = \sigma_0 - \sigma_1 \nu < 0$，即 $\nu > \zeta_2$ 时，对于 $\lambda \in [0,1]$，$g(\lambda)$ 恒为负。

此外，容易得知，$\nu < v$ 时，$g(\lambda)$ 恒为正；$\nu > v$ 时，$h(\lambda)$ 恒为负。根据以上分析，可以根据 ν 的取值范围判别 $\dfrac{\partial m^*}{\partial \lambda}$ 的符号，如表 3-1 所示。

表 3-1 制造业集聚与物流服务业集聚的互动情况一览表

ν 的取值	项目			
	$g(\lambda)$	$h(\lambda)$	$1-2\lambda$	$\dfrac{\partial m^*}{\partial \lambda}$
$(0,\zeta_1)$	+	+	$\lambda \in (0, 1/2)$，+	+
			$\lambda \in (1/2, 1)$，−	−
(ξ_1, v)	+	−	$\lambda \in (0, 1/2)$，+	−
			$\lambda \in (1/2, 1)$，−	+
(v, ξ_2)	+	−	$\lambda \in (0, 1/2)$，+	−
			$\lambda \in (1/2, 1)$，−	+

续上表

ν 的取值	项目			
	$g(\lambda)$	$h(\lambda)$	$1-2\lambda$	$\dfrac{\partial m^*}{\partial \lambda}$
(ζ_2,τ)	−	−	$\lambda \in (0, 1/2)$, +	+
			$\lambda \in (1/2, 1)$, −	−

可见，在某些条件下，制造业部门在一个地区的集中会使得该地区物流企业的均衡数量上升，而在另一些条件下，情况刚好相反。当物流企业的边际成本小于或大于一定的阈值时，在制造业非集聚区，物流部门集聚程度随着制造业集聚度的上升而上升；在制造业企业集聚区，物流部门集聚程度随着制造业企业集聚度的下降而下降。这是因为，物流企业生产的边际成本若过大，则物流服务的价格也较高，成为阻碍制造业企业集聚的因素。物流企业的边际成本若过小，物流企业为追求利润最大化，可能转向物流服务价格较高的地区。因此，物流企业边际成本过大或过小都不利于制造业和物流业的协同集聚，只有当物流企业的边际成本介于一个特定的范围内时，制造业企业在一个地区的集聚才会形成物流业在该地区的集聚，制造业企业与物流企业的空间协同集聚现象才可能出现。为了节省运输等交易成本，制造业企业与物流企业的区位选择偏好中间投入品市场规模较大的地区，这样产生了市场接近效应。

第二节 生产性服务业与制造业协同发展的创新效应

产业创新是产业竞争力最重要的支撑，生产性服务业与制造业的协同发展应围绕产业创新展开。本节在阐述生产性服务业与制造业的协同创新系统及其运行机制的基础上，构建博弈模型，分析生产性服务业与制造业协同对创新的激励效应，以及制造业与生产性服务业在协同创新中的共生演化关系。

一、协同创新的效应

协同创新的直接效应是形成了协同创新系统，其结果表现为知识溢出。

（一）协同创新系统

产业创新是产业竞争力的源泉，生产性服务业与制造业的协同发展应以产业创新为中心。线性导向和系统导向是创新理论的两个流派，其中，系统导向的创新理论占主导地位。产业创新系统是系统导向创新理论的重要构成部分。关于产业创新系统中各子系统的关系，有两种处理方法，一是清晰划分二者的边界，二是模糊二者的边界。依照这种思想，形成了三种关于生产性服务业和制造业创新系统的观点：①认为两个产业部门的创新机制是相同的，可以相互套用；②两个产业部门的创新机制有显著差异，应采用不同的理论工具进行分析；③把生产性服务业和制造业当成一个有机整体来分析其创新机制。协同创新是复杂系统中各类创新要素通过非线性作用，产生单个要素无法实现的整体协同效应的过程。生产性服务业与制造业协同创新必然会表现为不同产业子系统中创新资源动态博弈的非线性作用过程。

上述三种观点分别适应于经济体的不同发展阶段。在工业化的初期和中期，制造业居于主导地位，第一种观点比较合适；在工业化中后期，制造业和服务业同步发展，第三种观点比较合适。在工业化发展的中后期，工业化的先发国和后发国，情况也有所不同。工业化的先发国，制造业转型的时间长，属于自然过渡，制造业与生产性服务业的创新协同度高；而工业化后发国与先发国在产业结构和技术条件上具有重大差异，此时第二种观点比较合适。

产业创新系统是一组由开发和生产某产业产品、发明和利用该产业技术，通过人工技术发展中的互动和合作过程以及创新和市场活动中的竞争和选择过程联系起来的企业所组成的系统[①]。Malerba认为，构成产业创新系统的基本元素有：产品或服务；参与者，包括企业组织和金融机构、大学和政府等非厂商组织；学习过程；技术、需求、投入产出等关联关系；企业间相互作用机制；竞争和选择过程。产业创新系统的运行是在一定的制度条件下，参与者之间通过相互作用和学习等过程，促进知识和技术的产生、积累和传递。生产性服务业与制造业在创新方面有许多差异，把握这种差异对于两者的协同创新很有必要。

（1）知识基础和学习过程方面。制造业的产品和工艺知识由于可接近性和可积累性较高，且易于编码，故学习行为更容易发生。生产性服务业的产品一般具有无形性、不可分性和即时性等特征。生产性服务业与组织和市场有关，其知识具有内隐的特征，新知识产生和传递的难度较大，创新的发生率因此也较低。但生产性服务业在知识生产和技术创新方面也有其独特的优势：与制造业密切联系提高了知识的可编码程度，与消费者关系的接近使得知识的专业化程度高，位于产业链上游的位置使得其基础技术具有较高的共性。这些特征都使生产性服务业的知识生产、积累和扩散以及技术创新的效率提高。

（2）基础技术、投入和需求方面。制造业基础技术一般是显性的，具有可成文、直观、标准明确、关联互补等特征；而生产性服务业的基础技术多体现为组织管理和信息等方面，以隐性知识为主，难以确定明确的标准，技术关联互补度低。制造业的投入特征与要素密集度相关，劳动密集型产业、技术密集型产业

---

① Breschi S, Malerba F. Sectoral Innovation Systems: Technological Regimes, Schumpeterian Dynamics, and Spatial Boundaries of Innovation: Technologies, Institutions and Organizations [M]. Pinter, London/Washington, 1997: 130 - 156.

和资本密集型产业在投入关联互补度上依次提高。生产性服务业在要素密集度上与技术密集型产业和资本密集型产业类似，其投入的关联互补性较高。制造业的需求具有这样的规律：企业的内部环节越多，对外部的需求也越多越复杂，需求呈现单向线性的特征。而生产性服务业企业内部环节较少，因此，需求的强度较小，而且需求呈现互补性特征。

（3）参与者的关系类型与结构方面。制造业知识专业化程度较高的特点决定了制造业创新系统中参与者之间的关系明确而清晰。生产性服务业由于广泛的适用性，创新系统中参与者之间的关系结构较为复杂。

（4）制度、选择和多样性方面。不同类型的产业对制度的依存度是不一样的，产业构成要素之间的关系复杂度与对制度的要求程度呈正相关关系，技术含量高和附加值含量高的产业其要素间的协作关系较复杂，对制度环境的敏感度也较高。生产性服务业创新系统中参与者之间的关系较制造业复杂，因此，对制度的要求也较高。此外，生产性服务业的知识和技术依存条件多，更具个性化，难以复制和模仿，故生产性服务业在竞争和创新中更容易形成多样化的产业格局。

（二）知识溢出

在传统经济学中，知识被视为外生变量，即被认为是既定不变的，新古典经济学即是在这种框架下进行分析的。正因为如此，新古典经济学对现实的解释力有限。阿罗、罗默、卢卡斯和Griliches等经济学家逐步把知识溢出因素引入经济学分析。知识溢出（knowledge spillover）是知识外部性的一种表现。由于知识具有"非竞争性"和"非排他性"的公共品特征，使得它很容易被知识主体以外的人获取和拥有。知识溢出具有空间局限性，表现为知识溢出的效果和强度随地理距离衰减，致使经济和创新活动在地理上具有趋同性。这一现象使得知识溢出成为产业集群的经典解释之一。

知识的稀缺性、流动性和扩散性特征使知识溢出成为一种重要的产业现象。以公共利用为出发点，知识溢出是有益的，因为知识是具有非竞争性的物品，所以让更多的企业使用它是具有经济效益的。但知识溢出同时具有一项重要的成本——新知识创造的激励减弱，因为知识的发现在很多情况下是市场主体付出成本而获得的，而知识溢出意味着知识的收益无法实现或竞争优势的失去。企业的运营具有内在的双重倾向，一方面是维持惯例，例如遵循标准的生产技术和管理模式；另一方面是寻求突破惯例，例如寻求新的生产技术、采用新的管理模式、扩大或收缩企业规模，它是一种反惯例的、探索性的行为。第一方面的倾向类似于遗传基因对于生物的作用，第二方面的倾向类似于基因突变。

生产性服务业与制造业协同中的知识溢出主要是通过以下几个途径实现的：

（1）企业间的员工流动。员工在不同企业和机构之间的流动，使新知识、新思想和新技术以员工为载体流入到新的组织。此外，员工携带新知识离开原来的企业进入一个新的企业是企业界的普遍现象，因此，一个企业的员工往往具有多个组织的背景，不同知识背景的员工在工作中的交流使得异质性的知识相互碰撞和整合，进而使得新知识不断产生。

（2）企业间的互动和合作。企业不是孤立存在的，企业在管理和技术等方面进行合作很常见。在企业的互动合作中，例如通过共同解决复杂的管理难题或技术难题，相关的知识实现了扩散和转移。

（3）员工间的交流和沟通。第一种是员工间非正式的交流和沟通，它有利于一些隐性知识的传播。第二种是员工间正式的交流和沟通，例如围绕一个主题而开展的会议、培训、演讲等，这种交流一般局限于正式组织，知识的流动和扩散范围比较狭窄。而产业协同网络则为企业员工间交流和沟通提供了一个更为广阔的平台，从而为知识的有效扩散提供了高效的途径。

二、协同创新的博弈分析

生产性服务业与制造业协同创新系统内企业之间的竞争是一种与合作相联系的柔性竞争，不同于简单的零和博弈。由于创新过程的高投入和高风险性，单个企业往往难以独立完成，作为系统行为主体的企业，其创新行为是一种协同性的行为。协同创新系统中的企业利用产业关联或空间毗邻的优势，采取资源共享、风险共担、优势互补等方式开展协同创新，从而达到风险分散和收益共享的目的。在制造业与生产性服务业的创新活动中，参与人会对创新活动的风险和不确定性作出恰当评估，选择特定的行为策略。因此，以下尝试运用博弈论的模型对制造业和生产性服务业的协同创新活动进行分析。

（一）制造业与生产性服务业的协同创新博弈模型

生产性服务业与制造业的协同创新博弈具有如下特征：①企业行为的不确定性，如企业可以采取合作策略也可以采取非合作策略；②个体理性，企业的决策逻辑是利润最大化；③非零和博弈，博弈结果存在双赢的可能；④重复博弈，博弈的动态性和长期性。

生产性服务业与制造业的协同创新博弈具有两个分析维度，一是博弈的时期，二是策略的选择规则。在短期内，企业的博弈关系可以视为是一次性的，因此不用考虑收益贴现问题；在长期内，考虑收益贴现是比较切合实际的。对于策略选择规则，简单的情况是纯策略博弈，较复杂也较贴近实际的是混合策略博弈。因此，遵循从简单到复杂的原则，以下分别分析不考虑收益贴现的纯策略博弈和考虑收益贴现的混合策略博弈两个博弈模型。

1. 不考虑收益贴现的纯策略博弈模型

这里有资源、收益和成本三个基本变量，分别用 K、R、C 表示。K_M、K_S 分别表示制造业企业和生产性服务业企业的研发资源禀赋，包括既有的技术基础、技术人员、技术设备和研发经验等。R_M、R_S 分别表示制造业企业和生产性服务业企业的协同研发创新能力，表现为收益系数。C_M、C_S 分别表示制造业企业和生产性服务业企业在协同研发创新过程中所承担的风险，表现为成本系数。因此，$K_M R_M$、$K_S R_S$ 分别表示制造业企业和生产性服务业企业采取协同研发创新策略时的预期收益，$K_M C_M$、$K_S C_S$ 分别表示制造业企业和生产性服务业企业采取协同研发创新策略时的预期成本，Π_M、Π_S 分别表示制造业企业和生产性服务业企业采取独立研发创新策略时的预期成本。博弈的收益矩阵如表3-2所示。

表3-2 不考虑收益贴现条件下研发创新博弈的收益矩阵

制造业企业		生产性服务业企业	
		协同研发	独立研发
制造业企业	协同研发	$\Pi_M + K_M(R_M - C_M), \Pi_S + K_S(R_S - C_S)$	$\Pi_M - K_M C_M, \Pi_S$
	独立研发	$\Pi_M, \Pi_S - K_S C_S$	Π_M, Π_S

在协同创新研发的收益系数高于成本系数的条件下，即 $R_M > C_M$，若生产服务型企业选择协同研发，则制造型企业选择协同研发更有利；若生产服务型企业选择独立研发，则制造型企业选择独立研发也更有利。同理，若制造型企业选择协同研发，则生产服务型企业选择协同研发更有利；若制造型企业选择独立研发，则生产服务型企业选择独立研发也更有利。因此，双方都选择协同研发或双方都选择独立研发是该博弈的纳什均衡。

若制造型企业中分别有比例为 p 和 $1-p$（$0 \leq p \leq 1$）的企业选择协同研发和独立研发，生产服务型企业中分别有比例为 q 和 $1-q$（$0 \leq q \leq 1$）的企业选择协同研发和独立研发。则制造型企业从事创新的平均收益为：

$$\bar{R}_M = \Pi_M - pK_M C_M + pqK_M R_M \qquad (3-37)$$

求制造型企业平均收益关于研发资源的导数：

$$d\bar{R}_M / dK_M = pqR_M - pC_M \qquad (3-38)$$

可知，$d\bar{R}_M / dK_M$ 关于 q 递增，当 $q > C_M / R_M$ 时，$d\bar{R}_M / dK_M$ 关于 p 递增。

此外，生产性服务企业从事创新的平均收益为：

$$\bar{R}_S = \Pi_S - qK_S C_S + pqK_S R_S \qquad (3-39)$$

求导可得：

$$d\bar{R}_S / dK_S = pqR_S - qC_M \qquad (3-40)$$

可知，$d\bar{R}_S / dK_S$ 关于 p 递增。当 $p > C_M / R_M$ 时，$d\bar{R}_S / dK_S$ 关于 q 递增。

不考虑收益贴现的纯策略博弈模型分析表明：

（1）生产性服务业或制造业参与协同研发活动具有自我强化的特征。参与协同研发的生产性服务业企业比例的提高才会提高生产性服务业企业从事创新的边际收益，同理，参与协同研发的制造业企业比例的提高才会提高制造业企业从事创新的边际收益。

（2）生产性服务业或制造业参与协同研发的自我强化特征具有对其他行为主体参与度的依赖性。参与协同研发的制造业企业的比例大于生产性服务业企业从事协同创新的成本收益率时，参与协同研发的生产性服务企业比例的提高才会提高生产性服务企业从事创新的边际收益。因此，对于生产性服务企业来说，制造业企业参与协同研发的比例有个关键阈值，即生产性服务企业从事协同创新的成本收益率，高于此阈值时，生产性服务企业才会产生协同研发的激励。这一结论反过来也成立。

（3）生产性服务业或制造业参与协同研发的激励具有对其他行为主体参与度的依赖性。参与协同研发的制造业企业比例越高，生产性服务企业从事创新的边际收益越高；同理，参与协同研发的生产性服务企业比例越高，制造业企业从事创新的边际收益也越高。

2. 考虑收益贴现条件下的混合策略博弈

做出以下基本假设：

（1）参与人假设。制造业企业（M）和生产性服务业企业（S）是博弈参与人，为了有效进行创新活动，需要投入以货币衡量的资源量 I，制造型企业和生产性服务企业分别承担 u 和 v 和份额，满足 $u + v = 1$，$0 < u, v < 1$。

（2）策略假设。每个参与人都有两个可选行动：协同研发、独立研发。制造业企业采取协同研发策略的概率为 p_M，生产性服务企业采取协同研发策略的概率为 p_S。参与人同时行动，即采取静态博弈的结构。

（3）收益假设。当制造业企业和生产性服务企业都采取协同研发的策略时，可以获得总收益 R，两个企业按照研发投入份额确定各自的收益。协同创新收益 R 取决于创新投入 I 和协同创新的协同效应系数 θ（$\theta > 1$），$R = \theta I$。由于双方长期进行合作，因此存在收益贴现的问题，用 λ 表示贴现因子，$0 < \lambda < 1$。

（4）支付假设。当两个企业都采取协作的策略时，产生 $\theta(1 + \lambda)^{n-1} I$ 的协同创新收益，扣除研发投入 I 后，得到协同创新的净利润，两个企业按照投入份额分配净利润。当制造业企业采取协同研发的策略而生产性服务企业采取独立研发的策略时，由于知识溢出的外部性影响，独立研发能获得一定的额外收益，假设为协同研发企业的投入。而采取协同研发的企业则获利甚少，为便于分析，假设采取协同研发策略的企业收益为零。当生产性服务企业采取协同研发而制造业企业采取独立研发时，结果是对称的。当两个企业都采取独立研发时，假设各自的收益都为零，博弈的收益矩阵如表 3-3 所示。

表 3-3 考虑收益贴现条件下研发创新博弈的收益矩阵

		生产性服务业企业	
		协同研发	独立研发
制造业企业	协同研发	$(uI[\theta(1+\lambda)^{n-1}-1], v/[\theta(1+\lambda)^{n-1}-1])$	$(0, uI)$
	独立研发	$(vI, 0)$	$(0, 0)$

由于信任问题或信息不对称的存在，参与人以一定的概率实施某种战略。由于战略是随机性的，参与人实施每一个特定战略时，对应一个期望收益，只有当一个战略的期望收益大于另一个战略，参与人才会选择前一个战略。制造业企业采取协同研发和独立研发战略的期望收益分别为：

$$E(R_C^M) = p_M p_S uI[\theta(1+\lambda)^{n-1} - 1] \quad (3-41)$$

$$E(R_{ID}^M) = (1 - p_M)p_S vI \quad (3-42)$$

根据式（3-41）和式（3-42），制造型企业采取协同研发和独立研发战略的期望收益之差为：

$$\Delta E(R^M) = E(R_C^M) - E(R_{ID}^M) = p_S I[p_M u\theta(1+\lambda)^{n-1} + p_M(v-u) - v] \quad (3-43)$$

根据 $E(R_C^M) - E(R_{ID}^M) \geq 0$，可得：

$$u \geq \frac{1}{\rho_M[\theta(1+\lambda)^{n-1} - 1] + 1} \quad (3-44)$$

$$p_M \geq \frac{1-u}{u\theta(1+\lambda)^{n-1} - 2u + 1} \quad (3-45)$$

其中，$\rho_M = p_M/(1-p_M)$。对于生产性服务企业来说，令 $E(R_C^S) - E(R_{ID}^S) \geq 0$，有对称的结果：

$$v \geq \frac{1}{\rho_S[\theta(1+\lambda)^{n-1} - 1] + 1} \quad (3-46)$$

其中，$\rho_S = p_S/(1-p_S)$。根据式（3-46），若合作期数 n 与收益率 λ 不变，u 与 θ 反方向变动，当 θ 较大时，实现协同创新所要求的 u 越小，反之则越大。若协同效应系数 θ 不变，则合作期数 n、收益率 λ 与 u 呈反方向变动。当 n 和 λ 较小时，则实现协同创新所要求的 u 越小。

对式（3-43）关于 p 求偏导，有：

$$\frac{\partial \Delta E}{\partial p_S} = p_M u\theta(1+\lambda)^{n-1} I > 0 \quad (3-47)$$

联合式 (3-44) 和式 (3-46), 令式 (3-44) 右边为 C, 以 u 和 v 分别为横轴和纵轴, 作图 3-3。

直线 $u+v=1$ 上位于 $u=C$ 的右侧和 $v=C$ 的上侧的部分, 即线段 MN, 是两个企业的协同创新空间, 即当 u 和 v 在这一段上时, 两个企业才会选择协同创新。MN 的长度与 C 呈反方向变化, C 越小, 两个企业协同创新的空间越大。C 与合作期数 n、协同效应强度 θ、收益率 λ、策略概率 p_M 呈反方向变化。合作的时间越

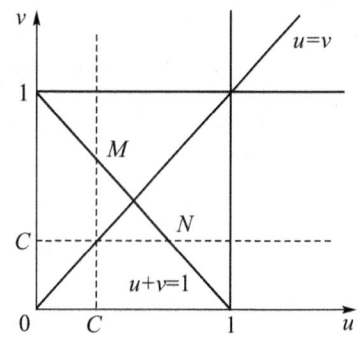

图 3-3 生产性服务业与制造业协同创新博弈均衡

长、创新的协同效应越强、收益率越高、企业合作的意愿越强烈, 都会扩大双方的合作空间。在可能的合作范围 MN 内, 中点即 $u=v=1/2$ 的点是一个特殊的点, 在此处, 双方对于协同研发投入、收益支配和风险分担的权利与义务对等, 是一个有利于实现双方长期合作的均衡点。

考虑收益贴现条件下的混合策略博弈分析表明:

(1) 协同创新的协同效应越强, 制造业企业的合作意愿越强烈, 协同创新越容易实现。这表现为即使对创新收益的支配性份额较低, 制造业企业也愿意采取合作策略; 当协同创新的协同效应较小时, 制造业企业对创新收益的支配性份额要求较高, 因而协同创新较难实现。

(2) 当双方合作的时间越长、次数越多, 或者收益率越高, 则制造业企业的合作意愿越强; 若双方还未建立互信关系, 对于未来合作没有稳定的预期, 则双方以占有较高的创新收益支配份额为合作条件, 协同创新的实现难度较大。由于对称性, 本结论对于生产性服务企业也成立。

(3) 在制造业企业和生产性服务企业协同创新过程中, 良好的双方互动具有积极意义。协同创新的实现, 不仅有赖于对方的合作意愿, 而且有赖于企业自身协同合作意愿。当对方持积极态度时, 会激发自身的合作意愿; 同时, 企业自身合作意愿的提高, 也有利于协同条件的满足。而且, 企业所索取的收益支配份额、协同效应强度和合作时间这些参数越大时, 企业对对方行动的反应越强烈。

(二) 制造业与生产性服务业协同创新的演化博弈分析

在环境具有不确定性和风险大的条件下, 博弈参与人掌握有限信息。根据有限理性的基本假设, 参与人的互动具有演化的特征, 均衡取决于演化的初始条件和演化路径。

1. 原始模型

自从唐荣强 (2009) 开始用演化博弈的方法来研究生产性服务业和制造业的

关系以来，学界出现了诸多关于制造业和生产性服务业的共生发展模型，但用共生模型来研究生产性服务业和制造业的协同创新问题的文献极少。生产性服务业和制造业由于其密切的产业关联，二者的创新活动不是独立的，而是密切联系的，这类似于存在共生关系的两个物种。因此，用共生发展模型来分析生产性服务业和制造业的协同创新关系是合适的。

生产性服务业和制造业在创新能力上有强弱之分，呈现非均衡的分布。一般来说，制造业的发展历史比较悠久，经验知识积累多，在创新中处于领导者地位。生产性服务业由于是从制造业派生出来的，其产品和服务附属于制造业，因此，其创新能力相对较弱。生产性服务业和制造业以产业集群的形式存在，故可以把它们视为两个种群，用 Logistic 方程来表示：

$$\begin{cases} \dfrac{\mathrm{d}y_M}{\mathrm{d}t} = r_M y_M (1 - \dfrac{y_M}{K_M}) \\ \dfrac{\mathrm{d}y_S}{\mathrm{d}t} = r_S y_S (1 - \dfrac{y_S}{K_S}) \\ y_M(t_0) = \overline{K}_M \\ y_S(t_0) = \overline{K}_S \end{cases} \quad (3-48)$$

式中，y_S、y_M 分别表示生产性服务业与制造业在特定时刻的种群密度；r_S、r_M 分别表示理想条件下两个种群的自然增长率；K_S、K_M 分别表示两类种群在环境要素给定的条件下且相互独立时的最大环境容量，它反映了资源约束。

除了种群密度之外，市场结构、产业政策和基础设施等方面也是影响生产性服务业和制造业发展的重要因素。在这里，要特别强调协同创新这个因素。知识溢出具有不对称性，在创新领先企业和跟随企业之间，后者从前者那里得到的知识溢出显然比前者从后者那里得到的多。在式（3-48）的基础上，加入协同创新因素，可以得到生产性服务业和制造业协同创新的演化动力模型：

$$\begin{cases} \dfrac{\mathrm{d}y_M}{\mathrm{d}t} = r_M y_M (1 - \lambda_M \dfrac{y_M}{K_M} + \theta_S \dfrac{y_S}{K_S}) \\ \dfrac{\mathrm{d}y_S}{\mathrm{d}t} = r_S y_S (1 - \lambda_S \dfrac{y_S}{K_S} + \theta_M \dfrac{y_M}{K_M}) \\ y_M(t_0) = \overline{K}_M \\ y_S(t_0) = \overline{K}_S \end{cases} \quad (3-49)$$

其中，λ_M、λ_S 分别表示制造业企业和生产性服务企业受环境影响的系数，$0 < \lambda < 1$ 表示外界环境对企业发展起积极作用，$\lambda > 1$ 则表示外界环境抑制企业发展；θ_M、θ_S 分别表示制造业企业与生产性服务企业协同创新的知识溢出系数，$0 \leq \theta \leq 1$，θ 越大，表示企业从协同创新知识溢出效应中的获益越大。根据知识溢出效应的不对称性假设，有 $\theta_M > \theta_S$。

对式（3-49）变形可得：

$$\begin{cases} \dfrac{dy_M}{dt} = r'_M y_M (1 - \dfrac{y_M}{K'_M}) \\ \dfrac{dy_S}{dt} = r'_S y_S (1 - \dfrac{y_S}{K'_S}) \\ r'_M = r_M(1 + \theta_S \dfrac{y_S}{K_S}), K'_M = \dfrac{K_S + \theta_S y_S}{\lambda_M K_S} K_M \\ r'_S = r_S(1 + \theta_M \dfrac{y_M}{K_M}), K'_S = \dfrac{K_M + \theta_M y_M}{\lambda_S K_M} K_S \\ y_M(t_0) = \overline{K}_M \\ y_S(t_0) = \overline{K}_S \end{cases} \quad (3-50)$$

式（3-50）取得了和式（3-48）相同的形式。区别在于：式（3-48）把生产性服务企业和制造业视为独立存在的两个企业种群，一个企业种群的发展不会影响到另一个企业种群的发展，因而其自然增长率和最大环境容量不受其他共生单元种群密度的影响，表现为常数。由式（3-50）可以看出，生产性服务业与制造业的协同创新创造了更多的价值，生产性服务业与制造业创新系统内部的共生单元和最大环境容量不再是常数，而是受环境影响系数和知识溢出系数等因素影响的函数，共生单元范围和最大环境容量在协同创新中得到了扩展。

2. 演化路径影响因素分析

生产性服务业与制造业协同创新系统达到均衡状态的条件是 $dy_M/dt = 0$，$dy_S/dt = 0$。由此可得均衡点为 $(\varphi_M K_M, \varphi_S K_S)$，其中 $\varphi_M = (\lambda_S + \theta_S)/(\lambda_M \lambda_S - \theta_M \theta_S)$，$\varphi_S = (\lambda_M + \theta_M)/(\lambda_M \lambda_S - \theta_M \theta_S)$。对比企业种群之间不存在创新协同而独立发展的情况，均衡点为 (K_M, K_S)。基础设施、产业政策、技术环境和市场结构等均是影响生产性服务业与制造业在协同创新中互动的环境因素，按照环境因素和知识溢出系数对均衡状态的影响的差异，可分三种情况进行讨论。

（1）特殊情况。

在企业种群的发展不受环境因素影响的条件下，即 $\lambda_M = \lambda_S = 1$，则有 $\varphi_M = (1 + \theta_S)/(1 - \theta_M \theta_S)$，$\varphi_S = (1 + \theta_M)/(1 - \theta_M \theta_S)$，显然，$\varphi_M > 1, \varphi_S > 1$，可知均衡值比初始均衡值高，即生产性服务企业与制造业实施协同创新比独立发展更具竞争力。若两类企业种群不实施创新合作，即 $\theta_M = \theta_S = 0$，则 $\varphi_M = 1/\lambda_M$，$\varphi_S = 1/\lambda_S$，只有 $\lambda < 1$ 时，才有 $\varphi > 1$，因此，在两类企业种群不进行创新合作的情况下，只有当环境因素对企业有利时，均衡值才会有所提高。

（2）一般条件下环境因子的影响。

一般条件下，制造业企业与生产性服务企业的产值分别为 $\varphi_M K_M$ 与 $\varphi_S K_S$，对比两个企业种群之间不存在创新协同而独立发展的状况，制造业企业与生产性服务企业的产值分别为 K_M 和 K_S。为探讨一般条件下环境因子对于均衡状态的影响，需要确定 λ 的取值范围。令 $\varphi_M, \varphi_S > 1$，可得：

当 $\lambda_S < 1$ 时，$0 < \lambda_M < 1 + \dfrac{\theta_S + \theta_M \theta_S}{\lambda_S}$；

当 $\lambda_S > 1$ 时，$\lambda_M < \min\left\{1 + \dfrac{\theta_S + \theta_M \theta_S}{\lambda_S}, \dfrac{\theta_M + \theta_M \theta_S}{\lambda_S - 1}\right\}$。

分别以 λ_S 和 λ_M 为横轴和纵轴作坐标系，如图 3-4 所示。定义两条曲线：曲线 S_1，$\lambda_M = 1 + \dfrac{\theta_S + \theta_M \theta_S}{\lambda_S}$；曲线 S_2，$\lambda_M = 1 + \dfrac{\theta_M + \theta_M \theta_S}{\lambda_S - 1}$。为分析 λ 的影响，假设 θ 不变。横轴、纵轴、$\lambda_S = 1$、$\lambda_M = 1$、S_1 和 S_2 把坐标系的第一象限分为 6 个区域。下面按区域分别讨论环境因子对均衡状态的影响。

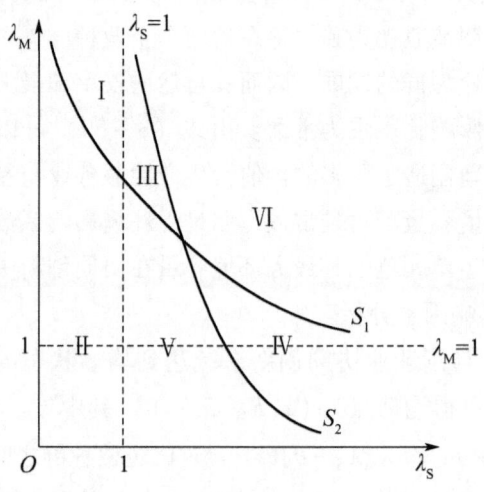

图 3-4　环境因子与均衡状态

区域 I 由曲线 S_1 和 $\lambda_S = 1$ 围成，该区域内 $\lambda_M > 1$，$\lambda_S < 1$，环境因子对制造业不利，对生产性服务企业有利。该区域内，有 $\varphi_M K_M < K_M$，$\varphi_S K_S > K_S$，制造业虽然能从协同创新中获益，但环境因素的抑制使其发展受阻。生产性服务企业则由于协同创新和环境两方面的积极影响，得到较大的发展。与之密切联系的是区域 III，区域 III 内，两个部门均衡产值的变化同区域 I。区域 III 由 S_1、S_2 和 $\lambda_S = 1$ 围成，该区域内 $\lambda_M > 1$，$\lambda_S > 1$，环境因素对制造业和生产性服务业都有抑制作用，但生产性服务业从协同创新中获得较大的合作收益，抵消了环境因素的抑制作用，因而得到了成长。

区域 II 由曲线 S_1、$\lambda_S = 1$、横轴和纵轴围成。该区域内，有 $\varphi_M K_M < K_M$，

$\varphi_S K_S > K_S$，制造业与生产性服务业的均衡产值都增长了。在曲线 $\lambda_M = 1$ 以下的部分，$\lambda_M < 1$，$\lambda_S < 1$，环境因素对制造业和生产性服务业都有利。在曲线 $\lambda_M = 1$ 以上的部分，$\lambda_M > 1$，$\lambda_S > 1$，环境因素对制造业不利，对生产性服务业有利。但制造业与生产性服务业协同创新的合作收益抵消了环境的抑制作用，最终，两个部门的均衡产值都增长了。与之密切联系的区域Ⅴ，在区域Ⅴ内，制造业与生产性服务业的均衡产值也都增长了。在曲线 $\lambda_M = 1$ 以上的部分，$\lambda_M > 1$，$\lambda_S > 1$，环境因素对制造业和生产性服务业都不利。在曲线 $\lambda_M = 1$ 以下的部分，$\lambda_M < 1$，$\lambda_S > 1$，环境因素对制造业有利，对生产性服务业不利。虽然环境对某一个部门或两个部门都有消极影响，但制造业和生产性服务业通过协同创新合作产生的巨大收益抵消了环境的抑制作用，均衡产值都得到了增长。

区域Ⅳ由 S_1、S_2 和 $\lambda_M = 1$ 围成，该区域内有 $\varphi_M K_M > K_M$，$\varphi_S K_S < K_S$，生产性服务业均衡产值降低而制造业均衡产值增长。在 $\lambda_M = 1$ 以下的部分，环境对生产性服务业不利而对制造业有利，制造业利用环境和协同创新的双重作用得到较大的发展。在 $\lambda_M = 1$ 以上的部分，环境因素对制造业和生产性服务业都不利，制造业从协同创新中获益较多，抵消了环境的抑制作用，获得了增长。区域Ⅵ由 S_1 和 S_2 围成，$\lambda_M > 1$，$\lambda_S > 1$，环境因素对制造业和生产性服务业都不利，且有 $\varphi_M K_M < K_M$，$\varphi_S K_S < K_S$，生产性服务业和制造业的均衡产值都有所降低，这可能是由于环境因素的负面作用过大，双方从协同创新中的获益不足以抵消环境因素的抑制作用。协同创新系统中环境因子的影响如表 3-4 所示。

表 3-4 协同创新系统中环境因子的影响

区域	$\varphi_M - 1$	$\varphi_S - 1$	区域	$\varphi_M - 1$	$\varphi_S - 1$
Ⅰ	-	+	Ⅳ	+	-
Ⅱ	+	+	Ⅴ	+	+
Ⅲ	-	+	Ⅵ	-	-

注：+ 表示有利，- 表示不利。

(3) 一般条件下知识溢出系数的影响。

为探讨一般条件下知识溢出系数对于均衡状态的影响，需要确定 θ 的取值范围。令 $\varphi_M > 1$，有 $\theta_1 > (\lambda_1 \lambda_2 - \lambda_2)/\theta_2 - 1$；令 $\varphi_S > 1$，有 $\theta_1 > (\lambda_1 \lambda_2 - \lambda_1)/(1 + \theta_2)$。分别以 θ_2、θ_1 为横轴和纵轴作坐标系，如图 3-5 所示。定义两条曲线：曲线 L_1，$\theta_1 = (\lambda_1 \lambda_2 - \lambda_2)/\theta_2 - 1$；曲线 L_2，$\theta_1 = (\lambda_1 \lambda_2 - \lambda_1)/(1 + \theta_2)$。为分析 θ 的影响，假设 λ 不变，同时假设 $\lambda_1 < 1$，$\lambda_2 < 1$，即环境因素对制造业和生产性服务业都起积极作用。横轴、纵轴、L_1 和 L_2 把坐标系的第一象限分为 4 个

区域。下面按区域分别讨论知识溢出系数对均衡状态的影响。

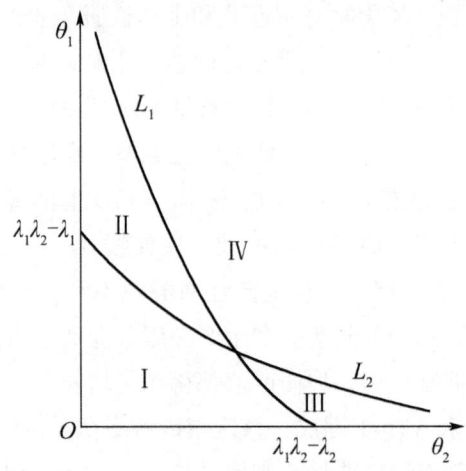

图 3-5 知识溢出系数与均衡状态

在区域Ⅰ中，$\varphi_M K_M < K_M$，$\varphi_S K_S < K_S$，虽然环境因子对两个产业部门的发展有利，但双方不能建立良性的互动关系以创造合作收益，两个部门的均衡产值都有所降低。在区域Ⅱ中，$\varphi_M K_M < K_M$，$\varphi_S K_S > K_S$，由于双方在协同创新中的博弈，收益分配不均衡，制造业均衡产值有所降低，生产性服务业则得到增长。在区域Ⅲ中，情况和区域Ⅱ相反。在区域Ⅳ中，$\varphi_M K_M > K_M$，$\varphi_S K_S > K_S$，在环境因素的积极影响和合作创新知识溢出效应的影响下，制造业和生产性服务业均衡产值都得到增长。协同创新系统中知识溢出系数的影响如表 3-5 所示。

表 3-5 协同创新系统中知识溢出系数的影响

区域 符号	$\varphi_M - 1$	$\varphi_S - 1$	区域 符号	$\varphi_M - 1$	$\varphi_S - 1$
Ⅰ	-	-	Ⅲ	+	-
Ⅱ	-	+	Ⅳ	+	+

注：+ 表示有利，- 表示不利。

制造业与生产性服务业协同创新的演化路径影响因素分析表明：

（1）模型适用于生产性服务业与制造业共生演化的动态集群过程和状态。产业共生体的增长率不是常数，而是其他产业共生体数量及最大容量的函数。环境容量不仅与产业共生体数量及最大容量有关，还受综合环境的影响。

（2）综合环境因子和知识溢出效应不仅各自影响生产性服务业和制造业的均衡产值，而且共同作用于生产性服务业和制造业。生产性服务业和制造业受综合环境和协同创新知识溢出效应的综合影响，但最终产生何种影响，取决于两种力量的对比。环境抑制产业发展时,在协同创新的知识溢出效应的作用下,产业最终可能会得到发展;虽然协同创新的知识溢出会使产业受益,但由于环境对产业发展的抑制作用,产业发展最终可能受挫。

(3) 在制定生产性服务业与制造业规制政策时,应同时考虑综合环境与协同创新知识溢出效应对产业共生体共生演化路径及状态的影响,根据产业共生体的生产和创新情形,结合领先企业与随从企业的知识溢出状况,适时调整创新政策,使产业共生体的协同创新遵循一个良性路径。

三、协同创新系统的运行机制

(一) 生产性服务业与制造业协同创新的驱动力

构成生产性服务业与制造业协同创新系统的特定因素之间呈现相互制约和影响的关系,它们具有促进生产性服务业与制造业协同创新的作用。本研究在此将这种结构和相应的功能视作生产性服务业与制造业协同创新的驱动力。构成生产性服务业与制造业协同创新驱动力的要素可分为内部和外部两种类型,内部性要素主要是与协同创新活动的核心参与者自身相关的要素,包括协同创新意识的培养、协同创新人力资本的积累和创新资源投入的增长等方面。外部性要素主要包括政府支持政策、市场需求和技术进步。

自主创新是生产性服务业与制造业提高核心竞争力的关键。为提高自主创新能力,除了制定和实施符合实际的自主创新战略,还需要实施协同创新。创新是个复杂的过程,生产性服务业与制造业协同创新也离不开对创新人才的激励。要调动创新人才从事协同创新的主动性和积极性,需要在约束规范、薪酬分配和竞争激励方面进行科学的规划。要制定科学合理的绩效考核和薪酬分配机制,薪酬要体现技术人员在自主创新和协同研发中的贡献。要在创新活动中形成竞争氛围,鼓励创新,宽容失败,推行过程导向的创新观念,激发技术人员从事创新的内在动力。生产性服务业与制造业协同创新需要形成稳定的研发投入增长机制,不仅要增加系统内企业的 R&D 投入,还要通过多元化的渠道吸收各种资金支持协同创新,形成稳定的协同创新投入机制。

外部动力要素对于生产性服务业与制造业的协同创新也极其重要。政府在财政税收、金融、产业、科技和人才等方面的政策是生产性服务业与制造业协同创新的重要推动力。政府可以对积极从事协同创新活动的企业减免税收或提供低利息的资金融通,还可以通过设立激励协同创新的产学研合作项目,来创造生产性服务业与制造业协同创新的良好公共环境。社会的科技资源也是生产性服务业与制造业协同创新的重要支撑,制造业企业和生产性服务企业可以通过产学研和技术合作等方式把社会中既有的技术成果和研发资源吸收到自身的创新活动中,以节省创新时间和成本。此外,市场需求和市场竞争是生产性服务业与制造业协同创新的两个重要外部因素。生产是为消费服务的,市场需求决定企业创新和研发的方向,生产性服务业与制造业只有通过协同创新,不断开发新产品和新服务才能长期立足于市场。

(二) 生产性服务业与制造业协同创新的资源供给

生产性服务业与制造业协同创新系统的运行依赖于资源的输入,资金、人力和技术是主要的资源。制造业和生产性服务业协同创新的资源供给方包括企业自身、政府、高校科研机构和中介服务体系。在生产性服务业与制造业协同创新系统中,资金、产品会沿着产业链流动,在此过程中,会与信息、技术和劳动等要素产生作用,当各要素的边际收益率相等时,系统处于平衡状态。

人力资源是最重要的生产要素,人是生产活动中所有要素的联结者、整合者,是协同创新系统中各种活动的实施者和执行者。在生产性服务业和制造业的协同创新中,企业自身提供管理人员和部分技术人员,高等学校和研发机构提供技术研发人才。在一些投资规模巨大的制造业中,研发投资极大,协同创新活动还需要政府支持。新产品研发是一个费时长、耗资大的工程,在新产品的研发、中试、量产和开拓市场等不同阶段,有不同的资金需求,需要金融资本用不同方式予以支持。技术人员的创新能力资本化即成为技术资本,技术创新可以物化到制造业的产品中。新产品或核心部件的开发企业一般成为协同创新的领导者,为了实现新产品与配套零部件或互补配件的技术兼容,领导企业与其他参与者会形成协同创新的合作体。在协同创新过程中,由于实现了信息、技术和人力等资源的共享,因而节省了创新成本,提高了创新效率。

(三) 生产性服务业与制造业协同创新的合作与信任

合作与信任是生产性服务业与制造业协同创新的基础条件之一。信任的建立使得协同创新系统内成员间的交流互动更加活跃,促进信息和知识的共享,从而为协同创新提供坚实的基础。生产性服务业与制造业协同创新合作信任机制的建立,需要规范参与者之间的合作行为。信任关系难在关系建立的初期,因为双方在互不了解的情况下,存在信息不对称,信任对方可能存在风险。只有在双方寻求互利共赢点后,才有利于建立合作关系。协同创新的研发项目需要双方共同投入,可以签订长期合约,建立长期合作关系,这有利于保持合作的持续性。根据重复博弈的观点,背叛是有代价的,一方的短期行为会给自己带来损失,这种警醒可以给双方的长期合作提供一定程度的保证。

协同创新参与者可以通过声誉机制构建协同创新的信任合作关系。声誉是协调创新系统内企业间合作创新关系、维持和巩固创新系统长期发展的重要因素。良好的声誉有利于企业获取人才资源,吸纳优秀的创新人才;良好的声誉还有利于企业获取顾客资源,给企业带来长期而稳定的消费者。声誉能对企业间交换关系产生影响(White,1974),而且会对企业间知识共享合作产生有效激励,企业声誉影响企业创新能力进而影响创新绩效[①]。为管理合作中的风险,为制造业与生产性服务协同创新系统中的参与者建立信任边界是有必要的,针对系统内的参与者建立信用评价体系,针对合作关系的参与者进行信用和风险偏好等方面的评价,有利于稳定合作关系。

[①] 曲怡颖,甄杰,任浩. 创新集群内企业声誉对创新能力及创新绩效的作用[J]. 软科学,2012(1).

第四章　生产性服务业与制造业协同发展的实证分析

前文对生产性服务业与制造业协同发展的机理和协同效应进行了分析，但二者的协同程度如何测度，作用效力有多强，还需要进行更加严谨的实证分析。本章在测度生产性服务业与制造业协同集聚水平的基础上，对制造业集聚度影响生产性服务业集聚度的程度进行回归分析；然后通过选择产业协同创新系统的序参量，测度生产性服务业与制造业协同创新子系统的有序度；最后以湖北省各地级市为样本，构建面板数据模型，遴选反映生产性服务业与制造业发展水平的代表性指标，分别对生产性服务业推动制造业发展和制造业拉动生产性服务业发展的效力大小进行回归分析，以验证本研究提出的协同机理、协同效应的有效性。

第一节　生产性服务业与制造业协同集聚与创新的实证分析

产业集聚有利于生产性服务业与制造业的协同发展。制造业集聚产生了规模效应，产生了对中间生产性服务的巨大需求，促进了生产性服务业的集聚发展。本节首先在对产业集聚水平测度的基础上，分析制造业集聚对生产性服务业集聚的影响程度；然后确定制造业子系统、生产性服务业子系统和创新外部环境子系统三个子系统的序参量，并对湖北省 2000—2015 年产业创新系统协同度进行测度。

一、生产性服务业与制造业协同集聚的实证分析

（一）产业协同集聚水平的测度方法

1. E-G 指数

当前测度产业协同集聚度的指标有若干种，Ellison & Glaeser（1997）最早提出并构建了测度产业集聚水平的指标，即 E-G 指数，其公式如下：

$$r_{\text{E-G}} = \frac{G_i - (1 - \sum_r X_r^2) \text{HHI}_i}{(1 - \sum_r X_r^2)(1 - \text{HHI}_i)} \quad (4-1)$$

式中，G_i 表示产业 i 的空间基尼系数，HHI_i 为赫芬达尔指数，X_r 表示地区 r 的就业人口占全国就业人口的份额。为避免计算出来的产业协同集聚水平即使在同一

空间的不同产业之间进行对比也存在偏差，E-G 指数包含了产业、企业两个维度。

Ellison & Glaeser（2010）还构建了产业层面的 E-G 指数，用以衡量两个产业之间的协同集聚水平，计算公式如下：

$$EG_{ij} = \frac{\sum_{m=1}^{M}(S_{mi} - X_m)(S_{mj} - X_m)}{1 - \sum_{m=1}^{M} X_m^2} \quad (4-2)$$

式中，EG_{ij} 表示产业 i 和产业 j 之间的协同集聚指数，S_{mi} 和 S_{mj} 分别表示产业 i 和 j 在第 m 个地区的就业比重，X_m 表示地区加总产业的平均就业比重。$S_{mi} - X_m$ 类似于离差，因此，式（4-2）类似于协方差的计算公式，对于所有地区，把两个产业就业份额与加总产业就业份额的偏差之积进行加总，再除以一个小于 1 的正数，得到两个产业的协同集聚程度。E-G 指数为负表示两个产业分别在不同的地区集聚，为正表示两个产业在同一个地区集聚，为零表示两个产业在同一个地区没有共同集聚。

2. D-O 指数

Duranton & Overman（2005，2008）利用非参数密度估计模型构建了一个指数用以衡量产业协同集聚水平，称为 D-O 指数，计算公式为：

$$K_{(A,B)}(d) = \frac{1}{P(n_A, n_B)h} \sum_{i=1}^{n_A} \sum_{j=1, i \neq j}^{n_B} f\left(\frac{d - d_{i,j}}{h}\right) \quad (4-3)$$

其中，所有厂商构成集合 S，A、B 是 S 的两个子集，d_{ij} 表示厂商 i 和 j 之间的空间距离。$P(n_A, n_B)$ 是不同厂商组合的数量，若 $A \neq B$，则任意两个不同的厂商构成一个厂商组合，且有 $P(n_A, n_B) = n_A n_B$；若 $A = B$，则在集合 A 和集合 B 中任意各取一个厂商构成一个厂商组合，且有 $P(n_A, n_B) = n_A(n_A - 1)/2$。D-O 指数假设厂商的空间分布具有连续性，其计算需要较为精确的厂商空间定位数据。

3. Coloc 指数

Coloc 指数是 Stephen & Erik（2016）借用 Wasserstein 度量的思想构建的用以测度产业协同集聚水平的指数。Wasserstein 度量是对两个产业空间距离的一种度量，Wasserstein 度量的基本原理是：令概率密度函数 f_j 和 f_k 分别表示产业 j 和 k 的空间分布，X 表示厂商，A 为 M 的映射且 A 为 R^2 的有限子集。产业 j 移动到产业 k 则有：

$$\int_{X \in A} f_k(X) \, dX = \int_{M(X) \in A} f_j(X) \, dX \quad (4-4)$$

由式（4-4）可定义 Wasserstein 距离：

$$W(\bar{f}_j, \bar{f}_k) = \inf_M \int |M(X) - X| f_j(X) \, dX \quad (4-5)$$

Coloc 指数的优势在于：E-G 指数只适用于测度以行政区域为对象的产业协同集聚，从而忽视了地理上相邻但行政区域上相隔的厂商信息，Coloc 指数很好地弥补了这一缺陷；另一方面也克服了 D-O 指数对于成对厂商间距离的依赖导致的缺陷；Coloc 指数由于很好地处理了可塑性面积单元的问题，特别适用于对城市内部产业协同集聚现象的分析。但 Coloc 指数对数据的要求很高，对于一般的研究者来说，其操作性不强。

4. γ 指数和 Θ 指数

E-G 指数应用虽然广泛，但只能从产业层面反映一个经济体的产业协同集聚水平，对于地区层面的产业协同集聚却无能为力，为此，国内一些学者在 E-G 指数的基础上构建了反映产业协同集聚水平的指数。陈国亮和陈建军（2012）构建了 γ 指数：

$$\gamma_{ijk} = 1 - \frac{|\eta_{ik} - \eta_{jk}|}{\eta_{ik}} \tag{4-6}$$

式中，k 表示地区，η 表示单个产业的集聚程度。γ 指数越大，表示产业协同集聚水平越高。

陈建军等（2016）在 Ellison & Glaeser（1997）和 Ellison et al.（2010）思想的基础上，构建了反映城市层面的产业协同集聚水平的 Θ 指数：

$$\Theta_{ij} = 1 - \frac{|S_{mi} - S_{mj}|}{|S_{mi} + S_{mj}|} + (S_{mi} + S_{mj}) \tag{4-7}$$

式中，S_{mi}、S_{mj} 分别表示 i、j 产业在 m 城市的集聚度。Θ 指数越大表示产业协同集聚水平越高，反之则越低。

（二）区位熵测度方法与数据说明

1. 区位熵指数

区位熵指数是 Haggert（1996）提出的一种用生产要素的空间分布来衡量产业协同集聚水平的指数。区位熵指数的基本思路是，测算一个地区某种产业的规模占该地区所有产业总规模的份额，按照此方法，以全国替代地区，用地区指标比全国指标，可得到该产业的区位熵指数。区位熵指数计算公式如下：

$$R_{ij} = \frac{e_{ij}/e_j}{E/E_i} \tag{4-8}$$

式中，i 表示产业或部门，j 表示地区，e_{ij} 表示 j 地区 i 产业的规模，e_j 表示 j 地区所有产业的规模，E_i 表示 i 产业的全国规模，E 表示全国所有产业的规模，R_{ij} 表示 j 地区 i 产业的区位熵。生产性服务业和制造业的协同集聚水平需要用协同集聚指数来衡量，计算公式如下：

$$r_j = 1 - \frac{|R_{Mj} - R_{Sj}|}{R_{Mj} + R_{Sj}} \tag{4-9}$$

式中，R_{Sj}、R_{Mj} 分别表示 j 地区生产性服务业和制造业的区位熵。r_j 反映 j 地区生产性服务业和制造业的协同集聚水平。r_j 越大，表示 j 地区生产性服务业和制造业协同集聚程度越高，反之越低。

2. 数据说明

数据主要来源于《中国统计年鉴》《中国城市统计年鉴》和《湖北统计年鉴》，所有的变量样本时间跨度为 2000—2015 年，采用 stata12.0 进行分析处理。其中分地区研究中，将武汉、黄石、黄冈、鄂州、咸宁、孝感分为东部，十堰、襄阳、荆门、荆州、宜昌、随州分为中西部。

（三）计量模型构建与变量描述

1. 计量模型

以生产性服务业集聚度（CR_S）为被解释变量，制造业集聚度（CR_M）为核心解释变量，控制变量 f_{contr} 包括：人力资本（H）、土地价格（L）、基础设施（B）、信息技术（T）、市场规模（S_m）、城市规模（S_c）、外商直接投资（F），省份的个体效应（u_i）、时间效应（γ_t）、随机干扰项（ε）。模型如下：

$$CR_S = \alpha_0 + \beta_1 CR_M + \beta_2 f_{contr} + u_i + \gamma_t + \varepsilon \qquad (4-10)$$

2. 变量描述

生产性服务业集聚度用"地级市生产性服务业从业人数/全省生产性服务业平均从业人数"表示，制造业集聚度用"地级市制造业从业人数/全省制造业平均从业人数"表示，人力资本用"高等学校专任老师"表示，土地价格用"GDP/国土面积"，基础设施用"全社会固定资产投资"表示，信息技术用"电信业务总量"表示，市场规模用"GDP"表示，城市规模用"人口"表示，外商投资用"外商直接投资总额"表示。对于虚拟变量，东部定义为 1，中西部定义为 0。

（四）结果分析

通过 stata12.0 软件对静态面板模型进行回归，回归结果如表 4-1 所示。

表 4-1 为依次引入控制变量的回归结果（样本数 N 为 132 个），对于核心变量制造业集聚度，无论是固定效应模型还是随机效应模型，模型（1）～（7）都通过了显著性水平检验，表明制造业集聚程度能够显著地促进服务业的集聚。从结构层面进一步分析控制变量，可以看出基础设施的改善和信息技术的进步并没有提高服务业的集聚程度。最后的两项因素说明，作为发展中国家，依托于人口数量促进经济增长从而提高服务业的集聚程度；市场规模与服务业也呈正相关关系。

表4-1 生产性服务业与制造业协同集聚面板回归

变量	(1)		(2)		(3)		(4)		(5)		(6)		(7)	
	FE	RE	FE	RE	FE	RE	FE	RE	FE	RE	FE	RE	FE	RE
CR_M	0.000***	0.000***	0.001***	0.000***	0.001***	0.000***	0.000***	0.000***	0.000***	0.000***	0.004***	0.000***	0.003***	0.000***
	(5.09)	(4.31)	(4.56)	(4.04)	(4.45)	(6.29)	(4.92)	(6.50)	(4.93)	(6.35)	(3.61)	(6.08)	(3.79)	(7.58)
H			0.068*	0.000***	0.206	0.000***	0.189	0.000***	0.163	0.000***	0.382	0.000***	0.376	0.000***
			(−2.02)	(−7.15)	(−1.34)	(−7.61)	(−1.40)	(−7.79)	(−1.50)	(−5.84)	(−0.91)	(−5.08)	(−0.92)	
L					0.759	0.005***	0.386	0.029**	0.388	0.042**	0.320	0.044**	0.329	
					(−0.31)	(−2.79)	(−0.90)	(−2.19)	(−0.90)	(−2.03)	(−1.04)	(−2.01)	(−1.02)	(−1.30)
B							0.414	0.745	0.311	0.896	0.956	0.980	0.999	0.910
							(0.85)	(0.32)	(1.06)	(−0.13)	(−0.06)	(0.03)	(−0.00)	(−0.11)
T									0.626	0.271	0.490	0.283	0.502	0.670
									(−0.50)	(1.10)	(−0.71)	(1.07)	(−0.69)	(0.43)
S_m										*	0.617	0.962	0.625	0.998
											(0.51)	(−0.05)	(0.50)	(0.00)
S_c													0.755	0.002***
													(−0.32)	(3.13)
N	132	132	132	132	132	132	132	132	132	132	132	132	132	132
R^2	0.4516	0.4516	0.4833	0.3555	0.4838	0.3969	0.4960	0.3950	0.4972	0.3980	0.4063	0.3985	0.5084	0.4018
YEAR	YES	YES	YES	YES	YES	YES	YES	YES	YES	YES	YES	YES	YES	YES

注：括号内为 t 检验值，* 为 $p<0.10$，** 为 $p<0.05$，*** 为 $p<0.01$。解释就是看对应的 p 值是否小于 0.1，小于 0.1 就是显著，正数正相关，负数负相关。

表 4-2 列出了生产性服务业与制造业协同集聚分地区回归的结果。根据表 4-2 中的 R^2 值可以看出,无论整体回归还是分区域回归,模型的选择是合理的。从变量的 t 值和 p 值可以看出,基础设施对被解释变量的影响不显著,所对应的 p 值均大于 0.1。尽管中西部显著性水平并非一致通过,但我们依然可以确定制造业集聚程度能够提高服务业的集聚程度。进一步分析每一个控制变量对三大区域生产率影响的差异,对于东部而言,土地价格对生产性服务业的影响最不显著,对于西部而言,土地价格反而对服务业集聚程度影响显著,在基础设施、外商直接投资和信息技术方面影响不突出。

表 4-2 生产性服务业与制造业协同集聚分地区回归

变量	省级		东部		中西部	
	p 值	t 值	p 值	t 值	p 值	t 值
CR_M	0.000***	(12.94)	0.000***	12.06	0.001***	3.48
H	0.000***	(9.61)	0.000***	13.78	0.368	0.91
L	0.017*	(-2.42)	0.309	1.03	0.000***	-4.21
B	0.156	(-1.43)	0.000***	4.06	0.399	-0.85
T	0.113	(-1.60)	0.781	-0.28	0.918	0.10
S_m	0.002**	(3.17)	0.000***	-5.74	0.000***	6.31
S_c	0.000***	(7.66)	0.000***	13.71	0.012**	2.58
F	0.001***	(-3.37)	0.000***	4.36	0.972	-0.04
N	132		66		66	
R^2	0.9812		0.9956		0.9217	

注:*$p<0.10$,**$p<0.05$,***$p<0.01$。

二、生产性服务业与制造业协同创新的实证分析

孟庆松、韩文秀(2003)提出的复合系统协调度模型表明,在产业协同创新活动中,产业协同创新能力和创新协同度呈同方向变化[①]。根据三螺旋协同创新系统理论,区域性创新系统的重要参与者除了企业外,还应包括政府、大学和科研院所等机构。因此,在对生产性服务业和制造业创新系统的协同度进行度量时,应在制造业子系统和生产性服务业子系统外,加入创新外部环境子系统。生产性服务业与制造业协同创新系统是一个开放的、自组织的动态系统,行为主体与环境产生交互、反馈和协同作用,从而使系统的创新效率得以提高。此处引用

---

① 孟庆松,韩文秀. 复合系统协调度模型研究 [J]. 天津大学学报,2003 (4).

协同学的相关理论，结合生产性服务业与制造业创新活动的特点，借鉴孟庆松和韩文秀（2003）提出的复合系统协同度模型对生产性服务业与制造业协同创新系统中行为主体子系统与环境子系统的有序度进行测度，并对生产性服务业与制造业协同创新机制进行实证分析。

（一）模型描述

制造业子系统、生产性服务业子系统和创新外部环境子系统分别以 1、2、3 予以标识。生产性服务业与制造业协同创新系统中子系统以 S 表示，e_j 表示协同创新系统中第 j 个子系统（$j=1,2,3$）。参与量是一个向量，以 e 表示，e_j 表示第 j 个子系统的序参量（$j=1,2,3$），$e_j=(e_{j1},e_{j2},\cdots,e_{jn})$，其中，$\beta_{ji} \leq e_{ji} \leq \alpha_{ji}$，$i \in [1,n]$，$n \geq 1$。$\alpha$ 和 β 为系统稳定临界点上序参量 e_{ji} 的上限和下限。子系统的有序度取决于系统的序参量，系统有序度与序参量的一部分量呈同方向变化，令这部分分量为 $e_{j1},e_{j2},\cdots,e_{jl}$；与另一部分分量呈反方向变化，令这部分分量为 $e_{jl+1},\cdots,e_{jn}$。各个子系统的每一个序参量分量 e_{ji} 都有一个对应的有序度 $u_j(e_{ji})$，其公式为：

$$u_j(e_{ji}) = \begin{cases} (e_{ji}-\beta_{ji})/(\alpha_{ji}-\beta_{ji}), i \in [1,l] \\ (\alpha_{ji}-e_{ji})/(\alpha_{ji}-\beta_{ji}), i \in [l+1,n] \end{cases} \quad (4-11)$$

其中，$0 \leq u_j(e_{ji}) \leq 1$，$u_j(e_{ji})$ 越大，表示第 j 个参与量的第 i 个分量对第 j 个子系统有序度的贡献越大。

为得到序参量 e_j 对子系统 S_j 有序度的总贡献，需要对序参量 e_j 各分量的有序度 $u_j(e_{ji})$ 进行合成，合成方式一般有几何平均法和线性加权求和法等，这里采取几何平均法进行合成。以 $u_j(e_j)$ 表示子系统 S_j 的协调度，计算公式为：

$$u_j(\boldsymbol{e}_j) = \sqrt[n]{\prod_{i=1}^{n} u_j(e_{ji})} \quad (4-12)$$

$u_j(e_j) \in [0,1]$，$u_j(e_j)$ 越大，表示子系统 S_j 的协调程度越高，对整个系统协同程度的贡献也越大。

在初始时刻 t_0，子系统 S_j 的协调度记为 $u_j^0(e_j)$，在协同创新系统发展过程中的某时刻 t_1，子系统 S_j 的协调度记为 $u_j^1(e_j)$。$u_j^1(e_j)-u_j^0(e_j)$ 为 t_1-t_0 时段子系统 S_j 协同度的变化趋势，协同创新系统的协同度可以表示为：

$$c = \sqrt[3]{\prod_{j=1}^{3} |u_j^1(\boldsymbol{e}_j) - u_j^0(\boldsymbol{e}_j)|} \quad (4-13)$$

$c \in [0,1]$，c 越大，表示生产性服务业与制造业协同创新系统的协同度越高。协同创新系统的协同度是由三个子系统共同决定的，如果子系统协同度差异大，则整个协同创新系统协同度高。

(二) 序参量的确定

序参量对于复合系统的协同度有直接影响[1]，目前有关产业协同创新的研究文献中，对于制造业和生产性服务业的协同创新系统进行定量分析的研究很少，本研究对制造业和生产性服务业的协同创新系统序参量的确定具有探索性。根据内容的重要性、数据的可得性和指向的明确性等原则，确定产业协同创新系统中三个子系统的序参量，具体内容见表 4-3。

表 4-3 生产性服务业与制造业协同创新系统序参量

系统	序参量	标记
制造业创新子系统	有 R&D 活动的企业数（个）	e_{11}
	R&D 人员全时当量（万人年）	e_{12}
	R&D 经费内部支出（亿元）	e_{13}
	R&D 项目数（项）	e_{14}
	新产品开发项目数（个）	e_{15}
	新产品开发经费支出（亿元）	e_{16}
	新产品销售收入（亿元）	e_{17}
	专利申请数（件）	e_{18}
	有效发明专利数（件）	e_{19}
	引进国外技术经费支出（亿元）	e_{110}
	技术改造经费支出（亿元）	e_{111}
生产性服务业创新子系统	固定资产投资（亿元）	e_{21}
	R&D 人员全时当量（万人年）	e_{22}
	R&D 经费内部支出（亿元）	e_{23}
创新外部环境子系统	高校与研发机构 R&D 人员全时当量（万人年）	e_{31}
	高校与研发机构 R&D 经费内部支出（亿元）	e_{32}
	R&D 经费内部支出与国内生产总值之比（%）	e_{33}
	科技拨款占公共财政支出的比重（%）	e_{34}
	技术市场成交额（亿元）	e_{35}

(三) 数据来源与数据处理

1. 数据来源

根据上述指标，以《中国统计年鉴》《中国第三产业统计年鉴》《中国科技

---

[1] 贾军，张卓，张伟. 中国高技术产业技术创新系统协同发展实证分析——以航天航空器制造业为例 [J]. 科研管理，2013，34 (4)：9-15.

统计年鉴》上发布的 2000—2015 年相关数据为依据，整理得到生产性服务业和制造业协同创新各子系统的数据。其中，制造业的部分指标取规模以上工业企业科技活动的相关数据；由于缺乏生产性服务业的直接统计数据，故用相关指标的总数据减规模以上工业企业、高等学校和研发机构的数据之和，近似得到生产性服务业的指标数据。例如，生产性服务业的"R&D 人员全时当量"是由全国范围的"R&D 人员全时当量"减工业企业、高等学校和研发机构的该指标数据之和，近似得到生产性服务业的该指标数据。

2. 产业创新系统协同度的确定

表 4-4 是对上述数据进行处理后得到的关于生产性服务业与制造业协同创新子系统有序度的结果。

表 4-4 生产性服务业与制造业协同创新子系统有序度

年份	2001	2002	2003	2004	2005	2006	2007	2008
子系统 S_1	0.00	0.06	0.00	0.11	0.18	0.23	0.22	0.00
子系统 S_2	0.00	0.12	0.15	(0.00)	0.28	0.32	0.37	0.19
子系统 S_3	0.00	0.25	0.29	0.36	0.41	0.42	0.44	0.49
年份	2009	2010	2011	2012	2013	2014	2015	
子系统 S_1	0.39	0.36	0.43	0.53	0.55	0.47	0.00	
子系统 S_2	0.38	0.01	0.45	0.47	0.47	0.48	0.47	
子系统 S_3	0.46	0.13	0.44	0.37	0.32	0.29	0.03	

通过分析可知：

（1）在研发领域展开深度合作可以提高协同创新的预期收益。协同创新收益的增加有利于促进生产性服务企业和制造业企业采取协同创新策略，更多的企业采取协同创新策略又强化了对协同创新的收益预期，从而形成良性循环。

（2）协同创新收益受到经济发展水平、技术进步和产业组织变革等多种因素的影响。国家的产业支持政策，例如对产业技术开发区的规划和建设、创新基础设施和区域创新体系的建设以及税收优惠政策等，都会通过各种途径提高协同创新的预期收益。技术进步可以降低企业间协同创新的成本，或者开拓新产品的市场，或者扩大融资渠道、降低融资成本，这些都可以提高协同创新收益。

（3）在生产性服务业和制造业的协同创新系统中，往往形成"主导产业 + 关联企业"的产业组织结构。其中，主要产品的制造企业构成主导产业，生产性服务业企业构成关联企业。制造业企业通过自身的竞争优势创造较高的协同创新收益，吸引生产性服务业加入协同创新的战略联盟。

第二节　生产性服务业推动制造业发展的实证分析

生产性服务业有助于重新优化整合资源，提升技术含量，已成为经济增长的重要引擎以及产业结构优化升级的助推器。我国现阶段产品附加值不高，处于"微笑曲线"价值链的低端，与生产性服务业发展滞后密切相关。生产性服务业具有知识密集型特点，有助于加快供给侧结构性改革，促进制造业转型升级。因此，研究生产性服务业促进制造业发展的机制，对更好地处理生产性服务业发展与制造业发展的关系具有重要意义。

一、分析思路与方法选择

从制造业和生产性服务业的双向作用机制来看，随着社会经济发展和资源配置的全球化，不同产业之间的关联度日益加深，而生产性服务业和制造业能够相互促进，实现共生互动发展。前文对生产性服务业促进制造业发展的机制进行了研究，为了进一步准确度量二者的作用效力，还需要进行更严谨的实证分析。

以下以湖北省各地级市为例，分析近些年生产性服务业和制造业的相关性。由于既有时间序列数据，又有横截面数据，因此建立面板数据模型。为避免模型遗漏变量带来的内生性问题，需要借助工具变量，采用二阶最小二乘法（2SLS）进行估计。

二、指标选择与模型设计

本部分主要探讨生产性服务业产值作为解释变量和政府补助作为工具变量对制造业产值的影响。此外，部分指标也会影响地区制造业产值，包括人力资本、基础设施投资、外商直接投资等，这些将在实证分析中作为控制变量，以检验回归结果的稳健性。

（一）指标选取

制造业发展水平（p_M）。制造业发展水平是本部分实证分析的被解释变量。根据前文对制造业内涵的界定，将制造业细分为工业部门中除采掘业和水电气生产等九个部门以外的29个行业。对于制造业发展指标的选取，有很多可能考虑的指标，如产值、增加值、产业密度、就业人数等。基于数据的可获得性，此处在进行面板数据实证分析时，选取制造业产值作为衡量其发展水平的代表性指标。

生产性服务业发展水平（p_S）。生产性服务业是本部分实证分析的主要解释变量。生产性服务业促进制造业提升了生产效率，促进制造业提升了技术创新能力，促进制造业节能降耗和转型升级，是制造业加快发展的重要支持力量。根据生产性服务业外延界定及国家统计局《生产性服务业分类2015》[①] 的划分，生产性服务业包括：研发设计与其他技术服务、信息传输、计算机服务和软件业、金融业、商务服务业、人力资源管理与培训服务、交通运输仓储和邮政业、科学研究、技术服务和地质勘查业。为了保持与前面口径的一致，此处也选取生产性服务业产值衡量其发展水平。

物流业发展水平（p_T）。由于经济系统的复杂性，制造业发展水平除受生产性服务业发展水平影响外，还可能受多个变量的影响。为了避免遗漏变量带来的内生性问题，除了考察生产性服务业产值外，此处还选择交通运输货运总量作为工具变量进行2SLS估计[②]。因为物流成本是制造业成本的重要组成，物流业一方面可降低制造业的成本，另一方面为制造业各个环节提供物流服务，是制造业集中力量进行生产制造的保障。

除了上述被解释变量，解释变量和工具变量外，为了检验回归结果的稳健性，此处另外加入三个控制变量：

人力资本（H）。人力资本能促进新业态不断成长，并形成经济新动能。在以信息技术为标志的科技进步日新月异的今天，制造业发展迫切需要大量的熟练技术工人，从制造业变成"智造业"。而大量熟练技术工人的形成需要大力发展高等教育和职业教育。此处根据对制造业贡献的特点，使用高等学校专任教师人数来反映制造业劳动力的素质和技能水平。虽然某地高等学校专任教师人数不能准确度量该地区熟练劳动力，但可反映人力资本潜力，也是长期影响地区人力资本水平的一项因素。

基础设施投资（B）。基础设施是社会经济发展的基础和重要支撑，制造业的发展依赖于通信、交通等产业的发展，基础设施的完善能显著提高制造业生产率、降低生产成本和投入要素结构，甚至通过影响劳动力素质和劳动效率影响制造业发展，此处使用地区基础设施投资额来进行衡量。

外商直接投资（F）。一个地区的外商直接投资可以产生两个方面的效应：一是投资效应，即可以增加一个地区的物质资本存量，这是经济发展和制造业发展的重要要素；二是技术效应，即通过FDI的技术溢出效应对制造业技术水平和转型升级产生影响。不难看到，一个国家或地区的外商直接投资规模越大，产业或者企业对境外先进技术和管理经验的投资效应和技术溢出效应就越强，对本地的制造业的促进作用也越大。此处使用地区外商直接投资来进行衡量。表4-5

[①] 国家统计局《生产性服务业分类2015》http：//www.stats.gov.cn/tjsj/tjbz/201506/t20150604_1115421.html

[②] 之所以选择交通运输货运总量作为工具变量，是因为交通运输业作为生产性服务业的重要组成，二者具有明显相关性。而且通过Shea's 偏 R^2 检验工具变量有效性，发现可拒绝交通运输货运总量"弱工具变量"原假设，进一步证明了交通运输货运总量作为工具变量的合理性。

列示了各个变量的名称、类型及定义。

表4-5 变量名称及定义

变量类型	变量名称	变量代码	变量定义
被解释变量	制造业发展水平	P_M	包括29个具体行业的制造业产值
解释变量	生产性服务业发展水平	P_S	包括8个具体行业的生产性服务业产值
工具变量	货运量	L_T	交通运输货运总量
控制变量	人力资本	H	高等学校专任教师人数
	基础设施投资	B	固定投资总额
	外商直接投资	F	外商直接投资总额

（二）模型设计

基于前述的理论分析与经验假说，这里通过构建面板数据模型，选取生产性服务业发展水平 p_S 为自变量，货运量 L_T 为工具变量，人力资本 H、基础设施投资 B 和外商直接投资 F 为控制变量，对制造业发展水平 p_M 进行二阶最小二乘（2SLS）分析，并检验回归结果的稳健性。为了消除价格因素和异方差的影响，对所有价值变量取对数处理，对数形式变量系数表示因变量对自变量的弹性。构建出的两阶回归方程如下：

第一阶回归：

$$\ln L_T = \alpha_0 + \alpha_1 \ln \hat{p}_S + \alpha_2 \ln \hat{H} + \alpha_3 \ln \hat{B} + \alpha \ln \hat{F} + \mu \quad (4-14)$$

第二阶回归：

$$\ln p_M = \beta + \beta_1 \ln L_T + \beta_2 \ln p_S + \beta_3 \ln H + \beta_4 \ln B + \beta_5 \ln F + \mu + \beta_i \nu \quad (4-15)$$

为了更加客观精准、因地而异地认识生产性服务业对制造业发展的作用机制，这里选取湖北省12个地级市2005—2015年数据进行面板分析。在分析湖北省全省的生产性服务业促进制造业发展水平基础上，另外分别对鄂东城市和鄂西城市生产性服务业提升制造业发展水平作用进行分析，以比较不同地区差异。在分地区研究中，将武汉、黄石、黄冈、鄂州、咸宁、孝感6个城市称为东部地区，十堰、襄阳、荆门、荆州、宜昌、随州6个城市称为西部地区。所有数据均来自历年《中国城市统计年鉴》《中国统计年鉴》《湖北统计年鉴》以及湖北各地市（州）统计年鉴等权威渠道。

（三）样本指标描述性统计

为了对样本数据有一个大致的观测，本研究将实证分析中所选取的样本指标值制造业产值（P_M）、生产性服务业产值（P_S）、货运量（L_T）、高校专任老师人数（H）、基础设施投资（B）和外商直接投资（F）作描述性统计，具体的描述性统计结果如表4-6所示。

表4-6 样本指标描述性统计

变量名称	变量说明	单位	预期符号	均值	最大值	最小值	标准差
P_M	制造业产值	万元		18 463 201	125 792 700	1 355 385	22 828 552
P_S	生产性服务业产值	万元	+	2 506 005	27 820 186	236 034	4 288 426
L_T	货运量	万吨	+	8533	50 061	969	9886
H	高校专任教师人数	人	+	6 040	57 313	180	13 664
B	基础设施投资	万元	+	9 505 763	76 808 855	551 676	12 447 047
F	外商直接投资	万美元	+	47 430	734 303	1 095	113 261

三、回归结果

为判断面板数据模型是应该采用固定效应还是随机效应模型，本研究进行Hausman检验，从检验结果看，不管是全省范围还是东部地区、西部地区，在1%的显著性水平下均拒绝虚拟假设，因此采用固定效应模型。除了湖北全省范围的分析外，此处还分别对东部地区和西部地区进行实证分析。模型1、2为全省范围的估计，模型3、4和模型5、6分别为东部地区和西部地区城市的估计。首先进行工具变量最小二乘估计（IV-2SLS）。模型1、3、5为工具变量最小二乘（IV-2SLS）估计结果，为了检验回归结果的稳健性，本研究也使用了面板数据混合最小二乘估计（POLS）进行比较，模型2、4、6为混合面板（POLS）估计。具体回归结果如表4-7所示。

四、实证结论

在表4-7的1-6模型中，分别针对全省、东部和西部地区，采用不同的回归方法后，发现主要解释变量的系数符号保持不变，只是在系数大小和显著性方面略有差异，说明各变量对被解释变量的影响是稳定的，回归结果稳健，且通过各模型的判定系数可推断模型总体性能良好。根据Shea's偏R^2统计量可知，采用地区货运量作为工具变量进行IV-2SLS分析是可靠的。基于此，可对湖北全省、东部和西部地区的IV-2SLS回归结果进行分析。

从模型1全省范围的实证结果来看，有以下结论：

（1）生产性服务业发展水平、物流业发展水平、固定资产投资和外商直接投资均对制造业有正向促进作用，这验证了前面的理论判断。从实证结果看，生产性服务业产值每提高1%，制造业产值将提高0.5986%，说明随着湖北省生产性服务业的不断发展，生产性服务业通过强化专业分工、降低交易成本和中间投入，促进制造业提升技术创新能力等途径，缓解了自然资源和生态环境"瓶颈"，促进了制造业加快发展和转型升级。

表4-7 生产性服务业促进制造业发展实证估计结果与稳健性检验

变量	制造业产值（lnP_M）					
	全省		东部地区		西部地区	
	模型1 (IV-2SLS)	模型2 (POLS)	模型3 (IV-2SLS)	模型4 (POLS)	模型5 (IV-2SLS)	模型6 (POLS)
Constant	1.3718 (1.42)	0.5849 (1.39)	2.7359 (0.78)	1.3574** (2.14)	0.6910 (0.12)	-1.4478** (-2.27)
lnP_S	0.5986*** (3.45)	0.7986*** (7.92)	1.2797*** (3.09)	1.1218*** (8.35)	0.3134*** (7.41)	0.4613*** (5.29)
lnL_T	0.3056 (1.05)		0.1759* (1.60)		1.3393* (1.72)	
lnH	-0.1529 (-1.01)	-0.2586*** (-7.08)	-0.1422 (-0.21)	-0.2623*** (-3.39)	0.6921 (0.32)	-0.1858*** (-5.42)
lnB	0.6063*** (5.08)	0.3374*** (5.56)	0.4905*** (3.26)	0.5002*** (4.40)	0.9453*** (3.67)	0.1946*** (2.75)
lnF	0.1851*** (3.58)	0.1107*** (3.49)	0.2130** (2.01)	0.2544*** (5.93)	0.1333** (2.60)	0.0244** (2.48)
R^2	0.9836	0.9471	0.9781	0.9580	0.8800	0.9663
面板类型	固定效应	混合面板	固定效应	混合面板	固定效应	混合面板
Breusch-Pagan LM		$p=0.0000$		$p=0.0000$		$p=0.0000$
Hausman检验	0.0031		0.0135		0.0541	
Shea's 偏 R^2	$p=0.0000$		$p=0.0000$		$p=0.0000$	
DWH检验	$p=0.0000$		$p=0.0000$		$p=0.0000$	
观测数	132	132	66	66	66	66

注：括号内为t统计值。***、**、*分别表示$\alpha=$在1%、5%和10%的显著性水平上显著。

（2）物流业产值每提高1%，制造业产值将提高0.3056%，表明物流业发展后通过集聚效应能降低制造业生产成本，促进其发展。但该变量未通过α为10%的显著性检验，表明其物流业的作用效果还有待进一步提升。

（3）从全省范围内的三个控制变量情况来看，基础设施投资额每提高1%，制造业产值将提高 0.6063%，而且通过了 α 为 1% 的显著性检验，表明基础设施投资是制造业发展的重要基础和支撑，能有效提高制造业生产率、降低生产成本和改善投入要素结构；外商直接投资每提高 1%，制造业产值将提高 0.1851%，表明外商直接投资带来了先进的经验、技术和资金，有效促进了全省制造业的发展。与前面的理论预期不相符的是，人力资本并未促进制造业的发展，其可能原因是因为囿于数据可获得性，此处使用了高校专任教师人数指标作为人力资本的替代指标，而这只能反映人力资本潜力，无法有效刻画现实水平。

从湖北省不同区域的实证结果来看，可得出以下结论：

（1）湖北省东部城市和西部城市生产性服务业发展均有力推动了制造业的快速发展。尤其在鄂东城市，生产性服务业对制造业的促进作用很明显。由模型 3 可知，生产性服务业产值每提高 1%，制造业产值将提高 1.2797%，而对西部城市而言，这一数值仅为 0.3134%，其主要原因是由于湖北省东部地区经济集聚度相对较高，生产性服务业的促进效应能更好显现。

（2）从物流业的促进效果来看，在 α 为 10% 的显著性水平下，湖北省东部城市物流业对制造业的促进作用较之西部城市要差，东部城市物流业产值每提高 1%，制造业产值只提高 0.1759%，而在西部城市这一数值为 1.3393%，这可能是由于湖北省西部交通基础设施相对较差，物流业发展对制造业促进的重要性更加凸显。

（3）从分区域的三个控制变量情况来看，对于湖北省东部城市和西部城市，以高校专任教师人数为代表指标的人力资本均未对制造业产生显著性影响（未通过 α 为 10% 的显著性检验），且作用方向各不相同，其原因在上面已做分析，此处不再赘述。基础设施投资额对东部城市和西部城市均产生了显著的正向促进作用。东部城市中，基础设施投资额每提高 1%，制造业产值将提高 0.4905%，而西部城市这一弹性系数值为 0.9453%，表明基础设施的差异，在西部城市进行固定资产投资能对制造业产生更好的促进效果。从外商直接投资来看，湖北省东部城市的外商直接投资每提高 1%，制造业产值提高 0.2130%，高于西部城市的 0.1333%。表明外商直接投资虽然对全省东西部地区的制造业具有一定提升作用，但力度存在一定差异，其原因可能是鄂东城市的外商直接投资相对鄂西城市而言质量更高，能带来更多投资方的先进技术与管理经验，即给东部地区制造业带来的溢出效应更加明显，而西部城市的外商直接投资多为劳动密集型行业，溢出效应不够明显。

第三节　制造业拉动生产性服务业发展的实证分析

从西方国家的生产性服务业实际发展来看，在工业化时期生产性服务业投入到工业的比例较高，工业化的推进为生产性服务业的发展提供广阔的市场需求。我国处在工业化发展转型时期，一半以上的生产性服务业都投入到工业中。据此看来，在工业化进程中，工业化程度越高，对生产性服务业的需求越高，越能促进生产性服务业发展。我国目前对生产性服务业的潜在需求较大，但是由于外部环境因素（专业化分工、工业化程度、生产性服务业服务效率等）存在缺陷，一定程度上抑制了制造业对生产性服务业的有效需求。

本研究第三章从需求拉动、创新提升、结构优化等方面对制造业促进生产性服务业发展的机制进行了研究，为了进一步准确度量二者的作用效力，还需要进行更严谨的实证分析。与上一节的分析相对应，此处仍以湖北省各地级市为例，采用面板数据模型。为避免模型遗漏变量带来的内生性问题，需要借助工具变量，采用二阶最小二乘法（2SLS）进行估计。

一、指标选择

本研究主要探讨制造业产值作为解释变量和制造业从业人数为工具变量对生产性服务业产值的影响。此外，部分因素也会影响生产性服务业产值，包括人力资本、城市化水平、外商直接投资等，这些将在实证分析过程中作为控制变量，以检验回归结果的稳健性。

生产性服务业发展水平（p_S）。生产性服务业发展水平是本部分的被解释变量。对于产业发展指标的选取，有很多可能考虑的指标，如产业产值、增加值、产业密度、就业人数等。基于数据的可获得性，此处在进行面板数据实证分析时，选取生产性服务业产值作为衡量其发展水平的代表性指标。

制造业产值（P_M）。制造业产值是本部分的主要解释变量。制造业对生产性服务业发挥着重要的作用，一方面制造业为生产性服务业发展提供了大量的市场需求。由于生产性服务业具有知识密集性和异质性，劳动密集型制造业则对传统生产性服务业需求较大，技术密集型制造业对现代生产性服务业需求较大，这是生产性服务业发展的基础。另一方面制造业的快速发展为生产性服务业发展提供了条件。制造业规模越大，越可能通过规模效应、专业化分工影响生产性服务业。根据前文对制造业内涵的界定，将制造业细分为工业部门中除采掘业和水电气生产等九个部门以外的 29 个行业。为了保持与前面口径的一致，此处也选取制造业产值衡量其发展水平。

制造业从业人数（h_M）。为了避免遗漏变量带来的内生性问题，除了考察制造业产值外，此处还选择制造业从业人数作为工具变量进行 2SLS 估计①。因为制造业从业人数是反映制造业发展水平的重要指标，与制造业产值具有直接相关性。同时，制造业从业人数也深刻影响生产性服务业发展水平，其作用机制类似于制造业产值对生产性服务业的影响机制。

除了上述被解释变量、解释变量和工具变量外，为了检验回归结果的稳健性，此处另外加入三个控制变量：

人力资本（H）。生产性服务业蕴含丰富的知识、技术和人力资本，具有高附加值的特点。根据卢卡斯（1988）的人力资本溢出模型，人力资本是资本的重要形式，在生产性服务业的发展中占有非常重要的地位，并主要通过三种机制产生影响（隆艳平，2017）。一是吸引机制。人力资本的流动性较弱，可看成是一个地方的资源禀赋。考虑到人才的可得性和人才成本，生产性服务业倾向于以人力资本为导向进行区位选择。二是强化机制。人力资本能够不断自我学习，提高工作技能，有利于提升生产性服务业的生产效率，并通过集聚效应吸引更多的生产性服务业企业进入，而且在集聚的过程中不断竞争，产生技术溢出效应。三是创造机制，包括促进专业化分工和促进创业就业。人力资本越高，专业分工越精细。同时，人力资本越高，创新创业热情越高，新技术、新产业、新业态、新模式越能蓬勃发展，从而为生产性服务业创造更多的需求。与前文所述相同，人力资本的形成需要大力发展高等教育。故此处使用高等学校专任教师人数来反映人力资本状况。虽然二者存在一定的偏差，但高等学校专任教师人数能有效反映人力资本潜力，且在较长时期内影响地区人力资本水平。

城市化水平（u_c）。缩短生产性服务企业与工业企业的地理距离会降低双方的交易成本，促进信任关系的建立，城市化可为此提供条件和便利。同时，城市化也有利于共享公共投入，降低企业成本，也可以加快各种服务类隐性知识②的传播，促进服务观念、服务工艺及其产品的创新，而这些都是生产性服务业发展的前提条件（顾乃华，2010）。自工业化中期以来，生产性服务业的发展离不开人口和产业在特定地理区域的集聚，城市化的进程促进了与之紧密联系的生产性服务业的发展。此处用市辖区户籍人口占全部户籍人口的比重来表示各地区的城市化水平。

外商直接投资（F）。一个地区的外商直接投资可对生产性服务业产生较显

---

① 之所以选择制造业从业人数作为工具变量是因为其与制造业产值具有明显相关性。而且通过 Shea's 偏 R^2 检验工具变量有效性，发现可拒绝制造业从业人数"弱工具变量"原假设，进一步证明了制造业从业人数作为工具变量的合理性。

② 隐性知识指的是无法通过文字、图表、公式等形式进行表述的知识，比如技术诀窍、设计创造力、管理能力、团队合作等。

著的积极影响。一方面，对制造业和生产性服务业的外商直接投资产生明显的示范效应，引导其他社会资本投向生产性服务业领域；另一方面，外商直接投资是实现国际技术转移的重要途径，有利于优化产业结构，并通过提供技术服务，加快人员培训、提高管理水平、改善服务质量等路径来加快生产性服务业发展。从理论上分析，一个国家和地区的外商直接投资越大，企业将越容易吸收先进技术和先进管理经验，从而提高生产性服务业的竞争力。此处使用地区外商直接投资金额来进行衡量。表4-8列示了各个变量的名称、类型及定义。

表4-8 变量名称及定义

变量类型	变量名称	变量名	变量定义
被解释变量	生产性服务业发展水平	p_S	包括8个具体行业的生产性服务业产值
解释变量	制造业发展水平	p_M	包括29个具体行业的制造业产值
工具变量	制造业从业人数	h_M	制造业从业人数
控制变量	人力资本	H	高等学校专任教师人数
控制变量	城市化水平	u_c	市辖区户籍人口占全部户籍人口的比重
控制变量	外商直接投资	F	外商直接投资总额

二、模型构建

基于前述的理论分析与经验假说，此处通过构建面板数据模型，选取生产性服务业发展水平 p_S 为自变量，货运量 L_T 为工具变量，人力资本 H、基础设施投资 B 和外商直接投资 F 指标为控制变量，对制造业发展水平 p_M 进行二阶最小二乘（2SLS）分析，并检验回归结果的稳健性。为了消除价格因素和异方差的影响，对所有价值变量取对数处理，对数形式变量系数表示因变量对自变量的弹性。构建出的两阶段回归方程如下：

第一阶回归：

$$\ln \hat{L}_T = \alpha_0 + \alpha_1 \ln \hat{p}_S + \alpha_2 \ln \hat{H} + \alpha_3 \ln \hat{B} + \alpha_4 \ln \hat{F} + \mu \quad (4-16)$$

第二阶回归：

$$\ln p_M = \beta_0 + \beta_1 \ln L_T + \beta_2 \ln p_S + \beta_3 \ln H + \beta_4 \ln B + \beta_5 \ln F + \mu + \beta_i \nu \quad (4-17)$$

为了更加客观精准、因地而异地认识制造业对生产性服务业发展的作用机制，本研究选取湖北省12个地级市2005—2015年数据进行面板数据分析，并进行稳健性检验，检验研究结论的准确性。在分析湖北省全省的制造业促进生产性服务业发展水平基础上，另外分别对鄂东城市和鄂西城市制造业拉动生产性服务业发展的作用进行分析，以比较不同地区差异。在分地区研究中，将武汉、黄石、黄冈、鄂州、咸宁、孝感称为东部地区,十堰、襄阳、荆门、荆州、宜昌、随州称为西部地区。所有数据均来自历年《中国城市统计年鉴》《中国统计年鉴》《湖北统计年鉴》以及湖北各地市(州)统计年鉴等权威渠道。具体的描述性统计结果如表4-9所示。

表4-9 样本指标描述性统计

变量名称	变量说明	单位	符号	样本数	均值	最大值	最小值	标准差
P_S	生产性服务业产值	万元		132	2 506 005	27 820 186	236 034	4 288 426
P_M	制造业产值	万元	+	132	18 463 201	125 792 700	1 355 385	22 828 552
h_M	制造业从业人数	万人	+	132	15.79 997	53.1632	2.24	12.41 844
H	人力资本	人	+	132	6040	57 313	180	13 664
u_c	城市化水平	%	+	132	26.82	63.82	4.68	15.15
F	外商直接投资	万美元	+	132	47 430	734 303	1095	113 261

三、回归结果

为判断面板数据模型是应该采用固定效应还是随机效应模型,此处进行Hausman检验,从检验结果看,不管是全省范围还是东部地区、西部地区,在 α 为1%的显著性水平下均拒绝虚拟假设,因此采用固定效应模型。首先进行工具变量最小二乘估计(IV-2SLS模型),并去掉不显著的控制变量,得到最优回归模型,模型1、2为全省范围的估计,模型3、4为东部地区的估计,模型5、6为东部地区和西部地区的估计。同时,模型1、3、5为工具变量最小二乘(IV-2SLS)估计,为了检验回归结果的稳健性,本研究也使用了面板数据混合最小二乘估计(POLS)进行比较,模型2、4、6为混合面板(POLS)估计。具体回归结果如表4-10所示。

四、实证结论

从模型1~模型6的估计结果来看,不论是全省范围,还是东部地区城市和西部地区城市,采用了不同的回归方法后,发现模型的解释变量在符号上保持一致,只是在系数大小和显著性上略有差异,说明各变量对被解释变量的影响是稳定的,回归结果稳健,并且各个模型的判定系数 R^2 均较高,F 值均在1%的水平下显著,说明模型的拟合情况良好。根据Shea's偏 R^2 统计量可知,采用地区货运量作为工具变量进行IV-2SLS分析是可靠的,故此处对全省、东部和西部地区的IV-2SLS回归结果进行分析。

表4-10 制造业发展促进生产性服务业实证估计结果与稳健性检验

变量	生产性服务业产值（$\ln P_S$）					
	全省		东部地区		西部地区	
	模型1 (IV-2SLS)	模型2 (POLS)	模型3 (IV-2SLS)	模型4 (POLS)	模型5 (IV-2SLS)	模型6 (POLS)
Constant	-1.6174 (-1.12)	1.4832*** (5.30)	-12.6423 (-1.27)	0.7859** (2.30)	-11.6772 (-0.39)	2.0401*** (7.69)
$\ln P_M$	0.6828*** (9.65)	0.6452*** (24.97)	1.4279* (1.74)	0.6012*** (19.16)	0.2881* (1.76)	0.6163*** (22.37)
$\ln h_M$	0.2310* (1.96)		0.1818 (1.47)		1.2816 (1.41)	
$\ln H$	0.6694*** (3.11)	0.2961*** (14.72)	2.2009* (1.53)	0.4571*** (17.74)	1.2885 (0.61)	0.1945*** (10.77)
u_c	-0.0003 (-0.08)	0.0021* (1.64)	0.0431 (0.26)	-0.0117*** (-5.58)	0.0028 (0.19)	0.0042*** (3.69)
$\ln F$	0.3163** (2.22)	0.0117 (0.42)	0.4054** (2.01)	0.0373 (1.04)	0.2106** (2.41)	0.0543* (1.77)
R^2	0.9754	0.9623	0.8763	0.9823	0.5827	0.9773
面板类型	固定效应	混合面板	固定效应	混合面板	固定效应	混合面板
Breusch-Pagan LM		$p=0.0000$		$p=0.0000$		$p=0.0000$
F统计值		0.0000		0.0000		0.0000
Hausman 检验	0.0089		0.0315		0.0722	
Shea's 偏 R^2	$p=0.0000$		$p=0.0000$		$p=0.0000$	
DWH 检验	$p=0.0000$		$p=0.0000$		$p=0.0000$	
观测数	132	132	66	66	66	66

注：括号内为 t 统计值。***、**、*分别表示 α 在1%、5%和10%的显著性水平上显著。

从模型1全省范围的实证结果来看，可得出以下结论：

（1）制造业产值水平、制造业从业人数、人力资本和外商直接投资均对生产性服务业发展提升有正向促进作用，这与前面的理论分析基本一致。从实证结果看，湖北省制造业产值 P_M 每提高1%，生产性服务业产值将提高0.6828%，这验证了前面的理论判断：由于生产性服务业具有知识密集性和异质性，不同类型的制造业（劳动密集型、技术密集型、资本密集型）通过需求效应，对不同层次的生产性服务业均产生正向促进作用，也同时说明目前湖北省制造业对生产性服务业需求占主导地位。

(2) 制造业从业人数 h_M 每提高 1%，生产性服务业产值将提高 0.2310%，表明制造业从业人数促进制造业发展，进而对生产性服务业带来关联效应。但该变量仅通过 10% 的显著性检验，表明其作用效果还有待进一步提升。

(3) 从全省范围内的三个控制变量情况来看，人力资本有效提升了生产性服务业的发展，而且显著性非常高，这与前面人力资本对制造业影响不大，甚至呈现负相关的结论大相径庭。究其原因，一个可能的解释是生产性服务业相对制造业更加依赖高水平的人力资本，特别是随着当前新技术、新业态的蓬勃兴起，人力资本通过吸引机制、强化机制、创造机制等对生产性服务业的作用更加显著。外商直接投资每提高 1%，生产性服务业产值将提高 0.3163%，表明外商直接投资带来了先进的经验、技术和资金，对促进湖北省生产性服务业的发展具有一定作用；但总体来看，这一影响系数较低，而且显著性不够高，说明对外开放并未有效促进湖北省生产性服务业的发展，这可能与目前湖北省生产性服务业在市场竞争中处于弱势地位有关，表明湖北省外商直接投资的结构与质量仍有待进一步提升。与前面的理论预期不相符的是，城市化进程并未有效促进生产性服务业的发展，体现在作用系数较低，而且未通过显著性检验。其可能的原因是，我国城市化进程是在很短时间内快速实现的，大量转移到城市的人口一时难以融入城市，同时收入、消费习惯短期内难以改变，并且城市没有足够的工作岗位吸纳数量庞大的劳动力，致使其对生产性服务业的促进效果有限。

从区域层面的实证结果来看，可得出以下结论：

(1) 湖北省东部城市和西部城市制造业发展均对生产性服务业发展有重要作用，尤其在东部地区城市，制造业发展是生产性服务业发展最为重要的影响因素。由模型 3 可知，制造业产值每提高 1%，生产性服务业产值将提高 1.4279%，而对西部城市而言，这一数值仅为 0.2881%，这表明制造业在湖北东部城市集聚较之西部地区更有利于促进生产性服务业发展。主要原因是湖北东部地区，工业化程度相对较高，产业集群发展成熟，城市群联系紧密，生产性服务业在东部区域聚集更能发挥其辐射作用；而在西部地区，制造业集聚不够，进而不利于生产性服务业的发展。

(2) 从分区域的三个控制变量情况来看，不同于全省范围，人力资本未对不同区域的生产性服务业产生显著性影响（仅东部城市在 α 为 10% 的显著性水平下显著），表明当前湖北省人才构成、质量以及人力资本对生产性服务业的促进作用仍有待进一步提升。从城市化进程来看，同样未对东部地区和西部地区的生产性服务业产生显著性影响，表明城市化虽然进程很快，但仍处于粗放式发展阶段，城市化质量不够高，对生产性服务业提升力度有限。从外商直接投资来看，湖北省东部城市的外商直接投资每提高1%，生产性服务业产值提高0.4054%，高于西部城市的0.2106%，表明外商直接投资虽然对全省范围的生产性服务业产生了推动作用，但力度存在差异，其可能原因是鄂东城市相对于西部城市的外商直接投资质量更高，能给产业带来更多先进的技术与管理经验，即技术溢出效应更大，而西部城市的外商直接投资多为劳动密集型行业，质量相对较低，溢出效应不够明显。

第五章 生产性服务业与制造业协同发展的国际经验借鉴

生产性服务业与制造业协同发展是时代趋势,发达国家也有经验可循。本章旨在通过对美国、英国、德国、日本四个国家促进其生产性服务业与制造业协同发展的各种举措进行梳理总结,一方面对前文的理论分析进行实践验证,另一方面为我国制定这方面的政策措施提供实践依据。

第一节 发达国家生产性服务业与制造业协同发展的经验

发达国家生产性服务业与制造业协同发展卓有成效,尤其是美国、英国、德国和日本的发展经验,值得我们借鉴。

一、美国

半个多世纪以来,美国的产业结构发生了明显的变化,其工业增加值占 GDP 份额和制造业增加值占 GDP 份额不断下降(见表 5-1)。从 1950 年到 2010 年的 60 年间,前者和后者分别下降了 17.1% 和 15.3%。与其工业的份额下降形成对比的是,服务业增加值占 GDP 的份额在同一时间段上涨了 22.8%,呈显著上升趋势。近 30 年来,美国的产品生产中,服务投入的份额快速上升,使得信息服务、财务、法律和管理咨询等知识密集的生产性服务业快速发展,标志着美国进入了"新经济时代",服务业已经成为重要的经济增长动力。表 5-2 列举了 1981—2010 年间美国生产性服务业占 GDP 的比重数据,显示生产性服务业占 GDP 的比重上升了 7.9%,生产性服务业的产值在 2001 到 2010 年间增长了 44.87%。

表 5-1 1950—2010 年美国各产业占 GDP 比重变化   (%)

行业	年 份						
	1950	1960	1970	1980	1990	2000	2010
农业	6.8	3.8	2.6	2.2	1.6	1.0	1.1

续上表

行业	年份						
	1950	1960	1970	1980	1990	2000	2010
工业	35.7	33.9	31.1	30.2	24.9	21.7	18.6
服务业	57.6	62.4	66.4	67.6	73.5	77.2	80.4
制造业	27	25.3	22.7	20	16.7	14.2	11.7
行业	15	15.7	16.7	18.7	21.9	26.1	27.9
1 物流仓储业	5.7	4.4	3.9	3.7	3	3	2.8
2 信息服务业	3	3.3	3.6	3.9	4.1	4.2	4.3
3 金融保险业	2.8	3.7	4.2	4.9	6	7.7	8.5
4 商业服务业	3.5	4.3	5	6.2	8.9	11.2	12.3

资料来源：美国经济分析局网站 www.bea.gov，"Gross-Domestic-Product-（GDP）-by-Industry Data（1947—2011）"

表5-2　1981—2010年美国生产性服务业占GDP比重变化　　（％）

行业	年份							变化
	1981	1985	1991	1995	2001	2005	2010	
批发	6.6	6.4	6.1	6.2	6	5.7	5.5	-17
交通仓储	3.5	3.3	3	3.1	2.9	2.9	2.8	-20
信息	4	4.2	4.1	4.2	4.4	4.7	4.6	+15
金融保险	5	5.5	6.4	6.6	8.2	8.1	8.4	+68
专业、科学与科技服务	3.5	4.3	5.4	5.6	6.8	6.9	7.5	+114
企业管理服务	1.4	1.6	1.4	1.4	1.7	1.7	1.7	+21
行政管理服务	1.4	1.6	2	2.3	2.9	2.9	2.8	+100
生产性服务业占GDP的比重	25.4	26.9	28.4	29.4	32.9	32.9	33.3	+31

资料来源：美国商务部网站（www.commerce.gov），interactive table：GDP industry by industry

从结构来看，美国生产性服务业的构成也发生了重要变化，生产与科技服务等技术含量高的行业增长最快，而批发和交通仓储等传统行业所占份额呈降低趋势。纽约的金融服务业就是一个明证。纽约是世界的金融中心之一，纽约的发展和生产性服务业有关，生产性服务业驱动的经济增长被称为"曼哈顿化"。自20世纪90年代中期开始，纽约州的中小企业使用外部生产性服务明显增多，互联网的发展促进了生产性服务外包模式的普及，生产性服务外购的范围从国内扩展到国际。马萨诸塞州也是通过生产性服务业发展起来的典型地区。在经历20世纪90年代的冷战、信息技术革命和金融危机后，马萨诸塞州的电子技术、信息技术和生物技术等高新技术产业已经具有相当的规模，同时，外向型的生产性服务业成为马萨诸塞州经济支柱，计算机数据处理和研究测试是马萨诸塞州最发达的两个生产性服务行业。虽然半个多世纪以来，美国国民经济中制造业所占份额有所降低，生产性服务业的地位日趋提高，但制造业内部结构和技术含量得到了很大的改善和提高。这一成就离不开生产性服务业提供的服务支持。了解美国生产性服务业和制造业之间的互动关系，对我国生产性服务业与制造业的协同发展具有重要的借鉴和启示作用。

美国实现生产性服务业与制造业协同发展的经验可以归纳为以下两个方面。

（一）创新驱动

技术创新能力是发展高端制造业最重要的影响因素，也是促进生产性服务业与制造业协同发展的关键。虽然美国制造业的整体规模有所下降，但是其大部分制造业都是高技术含量产业，如计算机和电子通信制造业就占据了很高的份额。《全球竞争力报告2009—2010》显示，美国在"科技创新与成熟度"以及其子因素"创新"都名列第一，说明美国的创新能力目前居全球首位。从科技进步贡献率来看，20世纪60年代以来，美国科技进步对于制造业的贡献率为60%，可见，强大的技术创新能力是美国高端制造业发展的重要支撑。

为了提升创新能力，美国至少采取了以下三个重要措施。

1. 增加研发投入

在美国的产业结构中，研发活动占据着重要地位。美国自建国起就把制造业作为国家的长期发展战略，技术研发和创新是这一发展战略的基础。近50年来，美国企业研发投入年均增速为9.1%；2007年的全球生产性服务研发投入中，美国占29%，高于欧洲和日本。而且，美国企业对市场上的新技术和新思想有较快的反应，科技成果转化率也很高。事实证明，高研发投入、高科技成果转化率极大地促进了美国企业创新能力的提升。美国企业之所以愿意增加研发投入，很重要的一点是美国企业普遍存在较强的忧患意识，变革和创新、敢于冒风险是很多美国公司推崇的观念。

2. 政府引导技术创新

美国政府在技术研发和创新活动中发挥着重要作用。技术创新活动是从"科学"到"技术"再到"开发"的一个链形过程，其中大部分环节都涉及政府职能的发挥。在科学研究阶段，基础的科学理论并不会直接产生生产力，自然也不会带来经济收益，但基础的科学理论对于技术研发是很重要的，因此，无利可图的基础科学理论的产生往往需要政府动用公共资金予以支持;在技术创新阶段,企业和公共机构都是关键的参与主体;开发阶段是新技术的大规模应用时期,也是产品开始大规模推向市场的阶段,该阶段政府则选择了退出,主要由企业发挥作用。

美国政府通过资助特定的机构和研究项目来引导技术创新方向和制造业的改造与升级,微观领域则由市场调节科技创新资源的分配。著名的"信息高速公路"计划是美国利用战略规划引导技术创新和革命的典型案例,硅谷是美国政府引导信息产业带动制造业转型升级的突出案例。"二战"之后,信息技术革命推动了新一轮的产业革命,其最突出的表现就是制造业的转型与升级。在硅谷,科技服务、信息产业和制造业之间密切关联与互动,掀起了信息技术和产业革命的浪潮。硅谷的信息技术革命推动实体经济向虚拟化和网络化发展,信息产业与制造业在各个生产环节或节点实现有效结合,从而降低了生产成本和交易成本,深化了产业分工,延长并拓宽了产业链,改进了生产方式和营销模式。

为了保护企业技术创新的激情和能力,美国先后制定了一系列的知识产权保护法案,这对激励技术创新产生了积极影响。在以知识产权保护为核心的科技战略中,美国还形成了包括研究服务、科技评估、专利代理和转让中介等科技服务体系。

3. 鼓励小企业技术创新

美国小企业对其国民经济贡献很大。美国有小企业 2500 多万家,占公司总数的 99%,产值占 GDP 的 45%,大约吸收了 70% 的就业人口,政府采购合同额的 35% 由小企业提供。在美国,小企业对于创新能力的构成也具有重要贡献,20 世纪对美国和世界有重大影响的 65 项发明创造都出自美国小企业。美国自然科学基金会指出,小企业的技术创新活动比大企业具有更高的效率,前者 1 美元所产生的创新效果是后者的 24 倍,在新产品从研发成功到投入市场的时间间隔上,前者也比后者要短。

为培育小企业创新能力,鼓励小企业技术创新,美国采取的主要措施包括三方面。第一,美国制定了比较健全的鼓励小企业技术创新的法律法规。美国于 1953 年制定了《小企业法》,该法确立了小企业的创新主体地位;随后又制定了《小企业投资法》(1958)、《机会均等法》(1964)、《小企业经济政策法》(1980)和《小企业发展创新法》(1982)。这些法律法规为小企业进行自主创新提供了有效的支持与保护。第二,实施小企业创新研究计划(SBIR)和政府采购。SBIR 由联邦部门提出一批研究方向和课题,由小企业申报,联邦部门择优进行资助。SBIR 每年资助经费都在 10 亿美元以上,对促进小企业进行技术创新起了一定作用。政府采购也是美国促进中小企业创新的重要措施之一。《中小企业法》规定政府在采购中应给予中小企业不少于23%的份额;《美国产品购买法》有政府采购项目中小企业优先中标的条款规定,并且规定对于一定金额的货物合同和工程合同,中标者必须将合同价的40%分包给小企业。第三,提供金融、财政和税收支持。美国政府鼓励金融企业向中小企业贷款和投资,设有"长期贷款担保""CAP Lines 贷款担保""Fastrack 贷款担保"和"微型贷款担保"等担保种类。美国设置了一些激励中小企业产品创新及吸纳就业的财政专项基金,如专项科研成果研究与开发基金、产品采购基金、中小企业创业基金等。《中小企业技术创新法》规定,研发经费超过1亿美元的政府部门要将1.3%的预算用于支持中小企业开展技术创新和开发。美国对中小企业的技术研发投资采取税收减免的优惠政策,《经济复苏法》规定,对中小企业实行特别的科技税收优惠,企业可按科研经费增长额抵免税收。

(二)放松管制

20世纪80年代以前,美国生产性服务业发展缓慢,且提供的品种较少、质量不高。从20世纪80年代开始,美国进入了生产性服务业的快速发展期,这在一定程度上归因于美国政府在多个行业放松管制,促进行业的竞争。比如,在电信行业,美国于1993年提出了"信息高速公路计划",率先对电信业进行改革。1996年,美国又通过了新的电信法案。在此之前,美国电信业被少数几家运营商和设备制造商所垄断,新的电信法案取消了电信业的一系列进入壁垒,要求电信寡头向竞争者开放其业务。电信业垄断的打破显著地降低了电信的服务价格,并促进了电信业务量的成倍增长。在民航领域,美国于1977年开始放松管制。在此之前,美国对民航业实行严格的管制。在1938—1978年的40年间,没有一家民航企业获得干线执照。从1977年起,美国陆续放开航线的政府管制,允许航运企业有进入和退出、兼并和联盟、制定价格的自由。美国放松民航业的管制后,出现了一系列航空公司新型市场行为,如轮辐式网络结构、航空公司战略联盟和低成本航空公司等,这些现象大多是有利于增加消费者福利的。在这一时期,美国还出台了一系列物流方面的政策,引入竞争,促使企业提高成本意识,从而淘汰了一些低效率的企业,较好地满足了产业对运输服务的需求。与此同时出现的第三方物流服务企业,提供了多品种的服务,并逐渐从本土化走向国际化。

二、英国

工业革命使英国成为强盛的工业大国,这一地位一直持续到20世纪初。从19世纪80年代至"一战"前,英国一直以煤炭、棉纺、钢铁和造船等传统工业为经济基础,经济增长依靠扩大投资和产量的粗放型增长方式来实现。

(一) 大力发展生产性服务业

英国的产业结构经历了漫长的从工业为主转向服务业为主的历程。

美国和德国借助第二次科技革命加快发展新兴产业，两国经济因此强势崛起，并逐渐超过了英国。20世纪20年代末的经济危机，极大地打击了英国传统工业。面对新的产业发展趋势，英国政府不得不压缩传统工业部门以发展新兴产业。但由于起步较晚，且调整过程缓慢，新的产业优势迟迟未能建立，英国的经济地位因此继续下滑。由于结构调整滞后、设备更新缓慢、技术创新乏力和殖民地相继独立等因素，英国经济继续衰落，并出现了以滞胀为特征的"英国病"。英国经济的衰落趋势一直持续到20世纪70年代。20世纪70年代的石油危机使得英国原有的产业结构难以为继，英国这才开始下决心从大批量、低成本的产业转向高附加值的高端产品生产，并把产业发展的重心由工业转向服务业。到2010年，英国生产性服务业增加值占GDP的28%，是制造业的2.7倍。从1997—2011年，英国制造业增加值的规模稍有下降，但整体上较平稳，然而，其生产性服务业的规模却稳步提升，英国进入了一个以生产性服务业为主导的服务经济时代。

英国的生产性服务业不仅在规模上持续增长，在结构上也有重大变化（见表5-3）。表5-3显示，物流仓储、通信等传统生产性服务业所占份额逐渐下降，而信息服务、专业科学技术服务、商务服务和管理服务等生产性服务行业所占份额逐渐提高，生产性服务业的行业结构发展到了更高级的阶段。半个世纪以来，虽然英国制造业的经济地位有所下滑，但其生产性服务业的地位相对上升，且制造业的劳动生产率和内部结构都有了很大改善。这一成就与生产性服务业为制造业提供资本和知识密集的服务投入是分不开的。

表5-3 2000—2011年英国生产性服务业内部结构变化

行业	年份				
	2000	2003	2006	2009	2011
物流仓储	20	19	18	17	16
通信	8	7	6	6	6
信息技术和其他信息服务	7	8	9	9	9
专业科学技术服务	24	25	26	26	26
商务服务	17	18	19	19	19
科学研究	2	1	1	1	1
其他科学技术服务	5	5	5	5	6
管理支持服务活动	6	9	13	16	17

数据来源：英国国家统计局 www.ons.gov.uk，"BB Blue Book"。

（二）生产性服务业集群发展

英国的产业集群起始于工业革命。在历次科技革新的影响下，英国逐渐形成了多种产业集群形式，如传统制造业集群、服务业集群和新兴产业集群等。近年来，生产性服务业集群和高技术产业集群发展最快（见表 5-3），极大地拉动了英国经济的发展。英国生产性服务业集群发展很大程度上归因于政府的作用。1999 年英国的"集群行动计划"（Cluster Action Plan）是以地区发展署（RDA）为主体、多组织合作的一个向初创企业或组织提供生产性服务及其他相关服务的体系。集群行动计划涉及孵化器、产业园区、大学、研发机构、咨询公司和风投企业等组织之间的合作，提供管理、生产技术、市场和信息等多方面的服务。集群行动计划极大地促进了生产性服务业产业集群的形成。金融业集群是英国较为典型的生产性服务业集群，64% 的英国金融业集中在伦敦地区，其中 44% 分布在大伦敦地区（Naresh & Gary，2003）。

20 世纪中后期，英国金融服务业迅速发展，1986—1998 年间，金融服务业在 GDP 中的比重上涨了 5.9%，就业比重上涨了 5.2%。英国金融服务业分工完善，已形成包含 8 大产业、30 个亚类产业的金融服务产业体系。英国金融业已形成以大伦敦区、南苏格兰区和西北区为中心的三大金融业集群。按照 Markusen 对产业集群的分类，这三大产业集群分别属于不同的类型。以伦敦为例，为降低运营成本、刺激需求，伦敦把原来作为货运码头的泰晤士河码头改造成为中央商务区，形成具有功能定位、等级和多极化特征的空间分布格局。

英国金融业的集群式发展得益于良性反馈机制和一系列有利因素，集聚经济和外部经济的作用促使具有产业关联的企业集聚在一个地区。英国金融业集群的形成与自然禀赋、历史背景、供求关系以及技术和制度环境的变化有关。第一，英国的三个金融服务业集聚区具有特定的区位优势。这些地区的历史古迹、剧院、学校、医院和餐厅等机构和设施是发展服务业所必备的。此外，英语作为世界通用语言的语言优势在金融服务业集群中的作用也不可忽视。第二，供给与需求。金融行业的运营需要专业化和高素质的劳动力，因此，高素质劳动力集聚的大城市能吸引银行和证券公司等金融企业。同时，金融业的发展带动了法律、会计、管理咨询、计算机软件、广告和市场调研、教育和出版等外围产业的发展，这些产业是金融服务业的支持产业。金融中心象征着信誉，这也促使金融企业选择定位于金融中心。第三，技术和制度环境。技术革新、管制放松和经济全球化加剧了企业竞争，这要求金融企业通过集聚节省成本和提高经营效益。

（三）政策支持中小企业创新

英国是近代工业革命的发起国，是世界科技强国之一。在 21 世纪，英国又掀起一股激励创新的浪潮。中小企业是技术创新活动中的活跃群体，常常是新产品和新的商业模式发源地。英国特别注重激发中小企业技术创新的积极性,并积累了一些有益经验。

第一,实施财政税收优惠政策引导中小企业加大研发投入。英国政府通过企业研发费用税前扣除、税收优惠向后结转或追溯抵扣、科研设备加速折旧、提取技术准备金等政策引导中小企业加大科技研发的投入。例如,英国 2000 年的"研发税收信贷计划"规定,年研发投资达到 1 万英镑的企业可享受税收减免。英国政府在 2002 年制定了中小企业投资研发减免税政策,其中规定,研发投入达到 5 万英镑的中小企业可享受 150% 的税收减免待遇。

第二,支持中小企业融资。针对小企业投资风险高、贷款难的特点,英国政府为小企业提供贷款担保,推出高技术基金计划,促进中小企业融资。

第三,通过政府采购促进中小企业开展研发活动。近年来,英国政府每年的采购量在 1500 亿英镑左右,政府采购成为激励中小企业创新的重要政策。英国的商务采购办公室规定,从中小企业采购的产品或服务要占政府研发经费总量的 2.5%。英国在 2001 年的"中小企业研究计划"中规定,要向小企业公开 10 亿英镑的政府采购份额,且要求其中的 2.5% 用于技术研发。

第四,促进产学研合作,提升中小企业技术创新能力。英国政府提供一系列政策措施支持企业开展产学研结合的研究,主要有联系计划、知识转移网络项目、知识转移合作伙伴资助项目、创新思想资助金、研究开发资助金等。在联系计划中,参与的中小企业可以获得政府的经费支持。为了促进创新和技术扩散,知识转移网络项目支持中小企业和科研机构建立合作关系。

以上税收优惠、融资支持、政府采购、产学研合作等方式,极大地化解了创新的不确定性,很大程度上解决了企业创新风险的后顾之忧,有利于企业开展研发并转化新技术,为中小企业的创新活动提供了有力的支持,也有效地促进了生产性服务业与制造业的协同发展。

(四) 生产性服务业与高新技术产业耦合

在高新技术产业的发展中,生产性服务业投入占有越来越重要的地位。生产性服务业与高新技术产业的耦合提高了生产性服务业的效率,促进了生产性服务业的外包,并能刺激其他产业增加生产性服务投入。价值链能很好地说明这一现象。特定产品的价值链往往包含诸多价值环节,在专业化分工高度深化的条件下,企业的市场竞争力不取决于其生产产品的价值链长度,而取决于其在价值链中的位置。因为,价值链的诸多环节并不是等量创造价值的,事实上,价值链中的战略性环节创造大部分附加值,而辅助性环节或支撑环节却只能提供很少的附加值。在经济全球化和贸易及投资壁垒不断降低的条件下,价值链被分割成片段离散地分布于全球。企业能否取得竞争优势,很大程度上取决于其能否抓住价值链的战略环节，同类企业在地理上的集聚有利于提高相应价值环节在价值链中的地位。"大区域离散小地域集聚"是全球价值链的地理分布特征。一个企业、一个地区乃至一个国家能否占据价值链的优势位置取决于不同的因素，其中，生产性服务业与高新技术产业的耦合起着重要影响作用。价值链的驱动有生产者驱动和采购者驱动两种形式，前者利用投资和生产来带动需求，形成供应链；后者利用品牌和渠道优势形成需求。

英国的生物技术产业发展是生产性服务业与高新技术产业耦合的一个典型案例。英国生物技术产业在世界市场上占据重要地位，目前已有270家生物技术企业，占欧洲的1/3，涉及制药、农业和食品等领域。这一成果的取得得益于与生产性服务业的耦合。其一，一流的研发服务体系为生物技术产业提供研发支持。英国在生命科学研究领域实力超强。目前，英国在此领域已经收获了20多个诺贝尔奖，拥有众多知名企业，以及许多知名的大学和研发机构，这些大学和研发机构为生物技术企业提供了生物研究方面的基础知识和共性技术。其二，完善的金融服务体系为生物技术产业提供融资支持。英国具有完善和健全的资本市场，能满足不同发展阶段的企业的融资需求。英国活跃而成熟的风险投资基金为高风险的中小生物技术企业提供融资支持，中小生物技术企业还可以申请生物技术基金的资金支持，过去10年中，它们已为生物技术领域累计投资3.44亿英镑。第三，配套的专业化服务机构和健全的劳动力市场及用人机制。专业化的服务机构，如律师和会计师事务所、咨询公司等，为生物技术企业提供管理咨询、法律咨询、技术支撑和市场服务等支持，并且为研究人员之间提供交流机会。英国劳动力市场的开放性、税收优惠和股权激励等政策形成了英国独特的人才市场环境，吸引了大量生物技术人员，促进了生物技术企业集群的发展。

三、德国

近些年，德国服务业增加值在GDP中所占份额维持在70%左右的水平，其中，生产性服务业大约为68%。2012年，德国生产性服务业产值接近制造业，仅相差890.9亿欧元。20世纪70年代以来，德国制造业的就业人口下降了17%，这归因于服务业的快速发展。近些年，德国生产性服务业不仅规模增长，而且结构也发生了重要改变（见表5-4），传统生产性服务业所占份额降低，知识密集和资本密集的现代生产性服务业所占份额提高。这得益于德国厚实的制造业基础以及制造业转型。20世纪70年代以来，德国逐渐从煤炭、钢铁等传统制造业行业中退出，集中发展高技术含量的电子和机械制造业，高精尖的制造业发展带动了现代生产性服务业的发展。

表 5-4　2009—2011 年德国生产性服务业内部结构变化　　　（%）

行业	年份		
	2009	2010	2011
贸易、交通运输、餐饮服务业	33	34	35
信息通信业	9	9	8
金融保险业	9	10	10
房地产业	26	25	25
商业服务业	23	23	23

数据来源：根据德国联邦统计局网站 www.destatis.de 整理。

德国在生产性服务业与制造业的协同方面有三点值得借鉴。

（一）以技术创新促进产业升级

在资本呈"去制造化"倾向时，德国却一直积极发展制造业。为发展制造业，德国还极其重视技术创新。2012 年，德国企业的研发投入达到 503 亿欧元，其中，制造业企业的研发投入近 400 亿欧元。

德国的技术创新是在国家的支持下展开的。德国的科研环境优越，政府鼓励企业、大学和其他科研机构之间进行合作研究和技术转移。德国的产业集群发达，形成网络状的合作结构，企业与大学、职业院校、科研院所、供应商和客户等主体展开研发合作，形成了持续创新的合力。德国高校绝大部分是公立的，学生负担的费用较小，这与美国恰好相反。在美国，高层次的高校、私立学校的比重高，高昂的学费使得毕业生倾向于进入诸如金融业等高收入的行业工作，以弥补上学的高投入，因此，报酬相对较低的理工科技术和科研工作，难以吸引高层次人才。德国高校的学生不仅学费负担轻，而且政府还设立了大量的奖学金和科研资助项目，以鼓励学生学习科技知识并培养创新意识。德国还建立了众多的科技产业园和技术孵化中心，鼓励高校毕业生到企业发展。德国技术人员的收入较高，能吸引人才从事技术与研发工作。

德国注重以技术创新带动产业升级。具体表现在：第一，进行产业结构调整，压缩传统工业份额，以扩大高新产业的比重。德国煤炭储量不高，煤炭资源的紧缺迫使德国缩减重工业的产能。在缩减重工业产能的同时，德国通过技术创新对这些传统工业进行转型和升级。钢铁产业就是一个例证。钢铁业一方面寻求降低燃料和原料的进口成本，另一方面采用新技术生产质量优良和性能独特的钢产品，从而获取自己的竞争优势。第二，加大对技术密集型产业的研发投入。德国在技术创新上极具优势，因此大力支持机械制造、医疗器械、电器工业和石油化工等行业。这些行业的技术研发投入达到了德国 GDP 的 2.5%（世界主要国家的同类数据见表 5-5）。2006—2009 年 3 年间德国政府投入 150 亿欧元支持对电子信息技术、汽车与交通技术、材料技术和生物技术等 17 个领域的创新与研发。德国还通过研发资助、税收减免等方式引导企业在这些领域投入研发。目前，德国私人部门的研发投入约占研发投入总额的 2/3。德国的这一政策取得了明显成效，德国高技术产品出口已经领先于美国和英国，居于世界最前列，而且德国的注册专利拥有量也在欧洲遥遥领先。

表 5-5 世界主要国家研究与开发经费支出占 GDP 比重（%）

国家或地区	2009 年	2010 年	2011 年
世界	2.15	2.21	2.20
高收入国家	2.43	2.45	2.50
美国	2.75	2.67	2.70
德国	2.45	2.56	2.82
英国	1.81	1.84	1.77
中国	0.90	1.49	1.40

数据来源：世界银行 WDI 数据库。

在德国，技术创新是因，产业升级是果。广而论之：技术创新是实现产业升级的突破口，而产业升级的实现，则是生产性服务业与制造业协同发展的结果；政府的系列政策举措，则是重要的保障措施。

（二）发挥行业协会的纽带作用

德国是一个社会组织非常发达的国家，仅行业协会和联合会组织就有 30 万个，形成遍布各地区和各行业的组织网络，这些行业协会在企业和政府间发挥桥梁和纽带作用。德国的行业协会为政府制定经济政策提供建议和咨询，为企业提供信息咨询和职业教育等多方面的服务。它们在帮企业获得政府、企业界和社会的信任以及提高自身声誉方面起到了很重要的作用。在制造业中，行业协会对国家的质量、技术、环保和税收等政策的监督实施起着巨大作用。德国联邦工业协会是工业界的统一组织，规模庞大，为工业发展提供各方面的支持，比如与政府部门决策者沟通，同时与国际组织联络。弗劳恩霍夫应用研究促进协会是一个为企业提供科研服务的行业组织，它拥有 41 个研究所、1.8 万研究人员，采取"合同科研"的方式为企业提供技术研发服务，每年研究经费收入达 16.5 亿欧元。

由此可见，在德国制造业发展过程中，行业协会作为一种生产性服务业，其纽带作用非常明显。

（三）充分重视中小企业的发展

一是为中小企业的发展制定政策法规并成立管理机构。德国鼓励自由竞争，很重视为企业创造良好的竞争环境。由于中小企业在与大企业的竞争中处于弱势地位,因此为了企业间的公平竞争,德国实行反限制竞争的经济政策。德国《反限制竞争法》是这种精神的集中体现,于2005年第七次修订。由于《反限制竞争法》自始至终都坚持禁止卡特尔的基本原则,因而保护并增强了中小企业的市场竞争力。在保护中小企业方面,除了《反限制竞争法》外,相关的法律法规政策文件还有《中小企业促进法》《关于提高中小企业效率的行动计划》以及《民法典》《商法典》和《标准化法》等。除了法律法规,德国还建立了众多支持中小企业发展的机构。德国联邦政府及各州政府、工业协会和一些银行也设有负责中小企业业务的机构及促进部门,它们的职责主要是为中小企业提供信息咨询、技术和融资等服务。

二是为中小企业的融资提供支持。德国政府每年都有为中小企业发展提供支持的财政预算,在各类支持中小企业发展的资金中,政府财政预算占70%。政府对中小企业的支持一般是通过各类金融机构间接进行的:通过政策性银行向为中小企业提供贷款的银行提供利息补贴,水平一般在2%~3%;政府出资建立信用保证协会,为中小企业的银行贷款提供担保。德国政府还为中小企业的发展建立了全面的融资支持体系,针对不同发展阶段的中小企业,提供不同的融资服务和支持:成立中小企业风险投资公司及政策性中小企业银行为中小企业融资,扶持担保机构的发展及建立企业间互助合作担保制度。在创业阶段,以税收减免和财政支持为主;在发展阶段,以间接融资为主;在成熟阶段,鼓励在资本市场上直接融资。

三是对中小企业的技术扶持。德国非常重视中小企业对技术革新的贡献,为促进中小企业的技术开发、革新和应用能力提升,德国制定了《中小企业研究与技术政策总方案》《中小企业研究和发展工作的设想计划》等政策纲领性文件。联邦研究部为中小企业的技术开发和技术转让方面提供帮助,建立"示范中心"和"技术对口的访问和信息计划",向其提供研发资讯,帮助其进行技术引进和扩散。联邦科技部还为中小企业参加高新技术研究提供资金支持,设立了每年6亿马克的小型技术企业参与基金。德国政府于1978年制定了专门资助中小企业技术开发的方案,至今已有1/3以上的中小企业得到过该项资助。为促进科技成果向中小企业扩散和转移,提高科技成果转化率,德国实施合同研究、科技咨询和委托研究资助等方式,促进中小企业与科研机构进行合作研发。德国各个组织和部门通力合作,逐步形成了全国中小企业孵化系统和高新技术企业孵化中心。

可见,在德国政府的法律政策支持、融资支持、技术扶持下,中小企业获得了很好的发展机会,从而在一定程度上促进了生产性服务业与制造业的协同发展。

四、日本

日本经济在"二战"中遭受重创,有研究表明,战后初期日本大约落后于欧美发达国家20年。但仅20余年后,日本重新崛起,成为经济大国。日本经济重新崛起,首先在于其强大的制造业基础,如技术人员、行业知识和经验等;其次可归因于日本大力发展生产性服务业并以此带动农业和制造业的发展。日本以信息和通信业为代表的生产性服务业在推动制造业发展、保持国际竞争优势方面起着重要作用。近些年,日本生产性服务业增加值与制造业增加值的差距逐渐缩小。2000年,前者和后者占GDP份额分别为13%和22%,相差9个百分点;到2010年,二者的差距缩小到4%。

日本生产性服务业和制造业协同发展的经验主要有三点。

(一) 以创新作为两大产业协同的基础

日本在研发创新方面的投入力度比美国、英国和德国都要大,研发投入占GDP的份额始终在四国中位居第一。日本在研发创新方面的积极性,一方面源于日本强烈的民族创新意识。日本各个层次的技术人员都注重创新,科研机构的研发人员和理工科的高校毕业生经常出现在生产车间而非研究中心,他们经常和普通工人一起研究生产技术。这种贴近实际的创新作风使得日本能够不断地开发出新型实用的产品、工艺和生产技术。另一方面源于日本在20世纪90年代遭遇的发展困境。日本的20世纪90年代被称为"失去的十年"。在这一时期,日本的人口老龄化和产业空心化等经济、社会问题日益严重。在美国带领的信息化革命浪潮的冲击下,日本传统的吸收模仿型科技发展战略不再具有竞争力,日本的全球经济地位不断下降,这迫使日本在技术创新方面采取一系列革新措施。

日本在技术创新方面的系列革新措施主要包括以下几个方面。一是确立了以创新促发展的战略计划。1995年,日本颁布了《科学技术基本法》,并据此制定了《科学技术基本计划》,该法具有较高的法律地位。《科学技术基本法》明确提出,把"科学技术创造立国"作为基本国策,并改革了科技发展思路,着重培养自主创新能力,加大对基础性和开拓性领域的研究投入,改善技术研发的硬件和软件环境。二是改革科技管理体制。以前,日本文部省和科技厅都具有科技资源分配管理职能,这种条块分割的科技资源分配管理体制制约了科技资源配置的效率,为此,日本把文部省和科技厅合并为文部科学省,并对日本科技振兴实业团进行改组,使其成为实施《科学技术基本计划》的主要实施机构。三是优化研究开发系统。在研究方向上,明确IT技术、环境和生命科学等领域为研发的战略方向;在研究经费上,以私人部门的资金投入为主,政府通过补贴、奖金和委托项目等方式引导研究方向;把公立大学和研究所变为独立法人,整合科技资源，形成开放性的竞争与合作格局，提高科技资源利用效率；加强科技人才的流动性，避免形成学术垄断和近亲繁殖，推进科技成果的推广与应用。

（二）以信息服务业带动制造业的发展

为了顺应信息化革命的潮流，"IT立国"和建设信息化社会成为日本科技立国战略的重要构成部分。日本把包括信息服务业和IT制造业在内的信息产业作为国家的重点投资方向，颁布了《推动形成高度信息化社会基本法》，提出建立先进IT国家的目标，并于2000年颁布了"e-Japan战略"和"u-Japan战略"。"e-Japan战略"注重信息基础设施建设和信息技术的应用，"u-Japan战略"致力于推行网络的普及化、便利化和个性化。在确立IT发展战略目标后，为有效配置信息服务资源，日本通过了个人信息保护法案，颁布了新的产业标准分类，并通过研发资助、政府采购和构建官产学研研究平台等一系列措施引导企业界按政府预定的目标和路径进行投资。

随着IT战略的推进与实施，日本的信息服务业超过钢铁和汽车等传统产业成为第一大产业，信息产业的发展使得日本的信息服务业与制造业在生产层面的融合水平越来越高。日本信息产业对制造业的发展产生了很大影响：一是信息技术在制造业中的应用范围不断扩大，逐步涉及工艺、中间产品和最终产品；二是信息化带动了自动化、智能化，显著缩短了设计和生产的时间，提高了精度；三是提高了产品的附加值和科技含量，丰富了产品种类；四是信息服务业与电商等领域结合，推动制造业向个性化方向发展。

（三）通过立法打破生产性服务业垄断

之前，日本的一些生产性服务业领域存在垄断现象，其结果造成了资源配置的低效率。为了提升这些行业的经营效率，日本政府逐渐采取措施打破垄断，为生产性服务业和制造业的良性互动创造了良好条件。日本的电信市场改革是一个典型案例。"二战"后初期，日本的国内和国际通信服务分别由政府出资企业NTT和KDD垄断，由此出现了官僚机构庞大、人员冗余、经营效率低下等现象。日本政府为改变电信业的这种现状，于1985年颁布了《NTT法》，对国有通信企业实施民营化，改组NTT，并引入新的运营商NCC与NTT竞争。新的竞争机制使日本电信行业产生了新的活力，经营效率和国际竞争力大幅提升。

第二节 发达国家生产性服务业与制造业协同发展对我国的启示

经过上一节的梳理，我们可以看到，虽然美国、英国、德国、日本四国历史、文化背景不同，工业化的起点和演进历程不同，产业规模、水平和产业结构不同，但这四个国家最终做出了同样的选择：以发展生产性服务业为突破口，以此推动产业的转型升级，从而实现生产性服务业与制造业的协同发展。尽管这四个国家所采取的政策措施有差异，但其中的一些共同点也是显而易见的。以下经验值得我们借鉴：重视中小企业创新能力的培育，推动生产性服务业的集群式发展，推动生产性服务的外包化，提升行业组织的活动能力等。

一、重视中小企业创新能力的培育

中小企业在一个国家的技术进步和经济发展中占有重要地位。中小企业创新欲望强，活力大，成长快。放眼中外，众多"巨无霸"企业和"独角兽"企业大多是由中小企业成长而来。世界经济发展史反复证明，科技创新是经济发展最重要的动力。中小企业创新是技术创新体系的重要组成部分，培育其创新能力，既有利于促进科技成果转化，又有利于促进本国经济增长方式的转变，更有利于生产性服务与制造业的协同发展。

（一）发达国家扶持中小企业技术创新的政策

在扶持中小企业技术创新方面，发达国家的做法有一些共性。

第一，通过立法或颁布政策支持中小企业技术创新。完善和健全的法律是市场经济国家经济活动正常运行的基础。为鼓励中小企业积极投入技术研发和创新，许多发达国家都制定了专门的法律或政策，以提供法律和政策支持。譬如：美国为支持中小企业的发展及其技术创新活动，于1953年制定了《小企业法》，该法规定了中小企业管理局对中小企业在融资、技术和管理等方面的支持义务；1982年颁布的《中小企业技术创新法》则规定了中小企业必须占有政府研究与开发合同中一定的比例；1983年里根政府签署的"小企业创新规划"延续至今，该规划规定联邦政府必须将其研发经费预算的2.5%投向中小企业。自20世纪80年代以来，美国制定了20多部有关中小企业技术创新的法律。"二战"以后，日本为恢复国民经济，也很注重中小企业的发展，协调中小企业与大企业的关系，激励中小企业技术创新。为此，日本于1963年颁布了《中小企业基本法》。到90年代初，日本一共制定了30多部关于中小企业的专门法律。日本的法律规定，中小企业若开展技术研发可获得低息贷款和设备投资减税。欧洲议会先后颁布了《欧洲小企业宪章》《欧盟扶持中小企业》等一系列政策性文件，明确扶持中小企业发展的具体措施，特别是明确了对中小企业的投资与融资支持方式。

第二，为中小企业的技术创新提供财政和税收上的支持。给予中小企业技术创新和研发活动以财政或税收上的支持是发达国家的普遍做法，如税收减免、研发补助或创新基金或创新计划项目资助等。美国规定了国家科学基金和国家研究开发经费的10%要用于中小企业的技术创新。为支持中小企业的技术创新活动，美国许多州政府设立了研究开发基金，州政府联合教育部门、研究机构和产业界成立"企业保育器"。意大利设立"技术创新特别滚动基金"为中小企业采用先进技术和设备提供扶持。法国有国家扶持的创新研究署，向具有创新能力的中小企业提供无息贷款。英国向新设立的高科技小企业提供启动资助。除了财政支持，发达国家对于中小企业技术创新活动还给予税收方面的扶持。美国对中小企业科技投资税进行长期减免，日本的中小企业若开展技术研发可获设备投资税减免，日本还对进行节能技术开发和新能源利用的中小企业给予相关税收优惠。

第三，为中小企业的技术创新提供金融支持。中小企业受制于规模小、抗风险能力低、资讯不对称等因素，往往难以获得充足的银行贷款。发达国家通过多样化的担保制度和专门面向中小企业的金融机构在一定程度上解决了中小企业融资难的问题。美国通过直接贷款、特别贷款、担保和直接投资等方式，鼓励金融机构和企业向中小企业贷款、投资。在日本，具有支持中小企业融资功能的组织种类繁多，有专门服务于中小企业的金融机构，如中小企业金融公库和中小企业投资育成公司等，有专为中小企业服务的互助银行和信用合作社等民间小金融机构。日本还有完善的中小企业信用担保制度和中小企业经营安全网制度。日本的新技术工业化贷款制度，对引进和普及新技术的企业优先贷款。当前，一些国家还在探索为中小企业提供直接融资的途径，较为成功的有美国的 NASDAQ 股市。

（二）发达国家支持中小企业技术创新政策对我国的启示

第一，构建健全的扶持中小企业技术创新的法律体系。鼓励中小企业技术创新需要一个良好的法制环境。我国也有一些促进企业技术创新的法律，如技术合同法和技术创新成果转化法等，但这些法律欠缺可操作性。应在中小企业的并购和破产、反垄断、反不正当竞争、投资权益保护、技术创新与扩散、专利保护等方面建立相应法律或法规。

第二，为中小企业技术创新建立投融资平台。针对中小企业融资难的问题，我国应建立较为完善的投资、融资平台，以便为中小企业技术创新提供资金支持。我国应建立多元化的资金投入体系，不仅要有公共财政资金和金融机构资金，还要有企业和民间资本的参与。我国民间资本的最大特点是"面大额小"，通过提高民间资本的组织化程度，可以有效集中分散化的民间资本为中小企业发展服务。中小企业融资难，主要难在担保上。政府可以先建立由公共资金支持的中小企业信用担保机构，此后再逐渐建立商业化的担保机构，并建立担保和再担保相联结的多层次担保体系。要把风险投入机制作为一项重要举措，建立健全风险投资的进入和退出机制。积极探索多元化的风险投资机制，吸引民间资本进入风险投资公司，使风险投资成为支持中小企业技术创新的重要融资渠道。要大力推进中小企业产权交易市场，便利中小企业的产权交易和技术转让。

第三,促进产学研结合。生产与研发创新的关系是科技创新领域的一个重要问题,科研与生产脱节使得科研成果难以有效地转化为生产力,从而降低了科研成果促进经济发展的应有效果。我国产学研脱节的问题比较严重,高校和科研院所过分关注学术问题而对实用技术的研发不足,企业则过于关注经济效益,而轻视研发,后续发展缺乏动力。

二、推进生产性服务业的集群化发展

(一) 生产性服务业集群化发展的条件

生产性服务业的集群化发展是产业分工深化的结果。产业集群之所以是一种重要的产业现象,是因为关联企业集聚在一起,能实现劳动力、营销、市场、采购、物流和信息等资源的共享,从而降低生产成本,提升集群内企业整体的竞争力。生产性服务业的集群化发展存在巨大发展空间。制造业企业的集聚为生产性服务业提供了广阔的市场,生产性服务业的集群可以提高两者的沟通效率,分摊基础设施使用成本,并获得技术和信息外溢效应,而且,还有利于形成区域品牌和竞争优势。

生产性服务业能否扎堆集群,主要取决于三个因素:前提条件、自身能力、外部环境。前提条件是生产性服务外包普遍化。只有企业普遍将生产性服务外包,才能形成对生产性服务的规模化需求,才能形成一定规模的生产性服务行业。自身能力主要指生产性服务业自身需具备一定的技术创新能力。唯有如此,群内企业才可以避免低端的恶性竞争,并产生技术外溢效应。外部环境即区域环境,包括与生产性服务业相关联的制造业的产业集群、政府的政策环境、基础设施等,这些都是生产性服务业集群发展的依存条件。正如前文所述,在美国硅谷,科技服务、信息产业和制造业之间密切关联与互动,信息产业与制造业在各个生产环节或节点实现了有效结合,从而深化了产业分工,延长并拓宽了产业链,改进了生产方式和营销模式;在英国,64%的金融业集中在伦敦地区,其中44%分布在大伦敦地区。

(二) 我国生产性服务业集群式发展的实践探索

改革开放以来,伴随着制造业的崛起,我国生产性服务业也有了极大的发展。在学习、借鉴发达国家相关经验的基础上,我国生产性服务业集群也取得长足发展,并形成了自身的特色,摸索出比较适合国情的四种模式。

一是创新科技导向型。北京中关村是这种模式的典型。中关村里高校和科研机构云集,高科技研发人才和金融资本等方面的资源优势促成中关村形成高科技服务业产业集群。

二是中央商业区型。由于交通便利、基础设施健全、人才集中,高端生产性服务业倾向于驻扎在中央商务区。由于金融中心人才需求量大，而且有大量的外围服务行业，因而极易形成生产性服务业集群。例如，香港由于繁荣的金融业和外贸，形成了以金融业为主的生产性服务业集群。

三是制造业拉动型。中小制造业企业的集聚往往为生产性服务业集群创造了条件。由于制造业中小企业在资金、人才和技术等方面的局限，存在技术创新能力弱、抗风险能力差、低水平不良竞争等问题，客观上需要生产性服务业来为其提供全方位的支撑，生产性服务业集群亦应需而生。

四是高新技术开发区型。高新技术开发区是政府为推进某个或某类产业以及某个区域的发展，动用行政力量进行土地规划和基础设施建设，提供核心产业发展的基本条件，并通过各方面的政策优惠创造良好的市场环境以吸引相关企业入驻。我国各地大量的成功案例已证明，高新技术开发区有利于形成生产性服务业产业集群。

总体看来，我国生产性服务业集群的整体发展水平仍然不高。未来，我国一方面应引导生产性服务业走规模化之路，形成规模经济效应和规模化服务优势；另一方面，应促进生产性服务业信息技术创新机制的形成，积极促进诸如现代物流、远程教育等新兴生产性服务业的发展。

三、推动生产性服务的外包化

（一）生产性服务外包化的利益

生产性服务外包是产业分工深化的表现，是生产从横向分工、产业向纵向分工和产品内分工的体现。扩大生产性服务外包对产业结构有诸多积极的影响。一是有利于制造业向价值链高端延伸。二是可以充分合理地整合企业内部资源。企业把资源集中于自身具有优势的环节上，一方面可以节省生产成本，另一方面可以提升企业的核心竞争力。三是有助于生产性服务功能区的形成。生产性服务功能区一方面可以提升生产性服务外包承接企业的服务质量和竞争力，另一方面使制造业企业裁撤或合并一些部门成为可能，从而改进它们的组织结构，简化产品的生产流程。四是生产性服务的外包有利于开发高新技术产品。

20 世纪 80 年代，日本的经济发展战略由"贸易立国"向"技术立国"转变。东京利用其技术和人才优势，把批量生产的工厂逐渐改造成新产品研究开发型工厂。在这一过程中，工业逐渐向服务业延伸，一些生产性服务业日益成长壮大，如现代物流、信息咨询和风险投资等。近年来，发达国家的生产性服务业逐渐向新兴市场国家转移，业务离岸化和外商直接投资（FDI）均是服务外包的形式。

（二）我国目前存在的问题与应对之策

在目前国际分工格局下，我国是发达国家生产性服务转移的对象之一。南京日报网的数据显示，2016年9月，我国服务外包合同执行金额达646.4亿美元，是全球第二的服务外包承接国。在承接外国生产性服务外包的过程中，我国企业可以通过学习利用发达国家先进的技术与管理，刺激生产性服务企业的技术研发和创新活动，提升我国生产性服务业的整体竞争力；也可以通过提高中间投入品的技术密集度，提高本土制造业的生产效率，开发高技术含量的产品。

我国生产性服务外包存在一些不容忽视的问题。一是缺少规模化的生产性服务业企业，承接和开发大型服务外包项目的能力薄弱。在一些领域，我国生产性服务企业规模较小，具有带动能力和示范效应的龙头企业很少。小作坊式企业抗风险能力差，且无能力承担大订单。二是缺乏生产性服务外包的相关标准。中国智能制造网显示，我国90%以上的标准规范仍局限于传统制造业领域。三是生产性服务外包的技术供不应求。随着信息技术和智能技术的发展，我国制造业对生产性服务的技术含量要求日渐提高，同时呈现个性化特征，因而导致生产性服务技术供不应求。

鉴于以上情况，我国可以采取以下对策。一是提升生产性服务业的价值链位置。我国应加快发展诸如现代物流、工业设计、检测检验等生产性服务业，以助推专业型服务业企业占据价值链高端位置。与此同时，推动生产性服务外包龙头企业带动中小企业开发相关产品，从而延伸产业链。二是促进生产性服务外包运营模式的创新。生产性服务外包企业应优化生产组织方式，实现服务外包模式的升级。一方面要从供给侧着力，加强生产与服务的互动；另一方面要以价值创造为导向，由单纯、被动提供服务向提供系统性解决方案转变，由单纯的服务提供向"服务+产品"转变。三是积极推进生产性服务业企业的重组、联盟和集聚发展，引导生产性服务企业开展联合、兼并和资本运营，做大规模，形成辐射效应。围绕制造业基地，建设生产性服务业园区，实现集聚经济和规模经济效益，以便发挥生产性服务业企业的集群优势。四是营造适合生产性服务外包发展的政策环境。要完善税收、财政、贷款与土地等方面的政策，并制定合适的劳动工时制度，适当放宽某些服务业的市场准入门槛，建立交通运输、电信、商贸和金融等行业与服务外包业之间更加契合的行业联系，加速简政放权与放管相结合，简化审批环节。

四、提升行业组织的活动能力

市场经济的正常运行，需要企业与企业、企业与政府、企业与消费者之间进行良好的沟通与协作。在很多领域，存在市场失灵情况。在市场失灵时，政府规制虽有必要但也并非万能。因为，市场经济活动范围广、变化快，法律和政策规制不可能规定所有交易活动，也不可能针对经济活动的变化及时地进行调整，而且由于信息不对称、知识受限等原因，很多情况下法律规制可能会导致扭曲效应，或者规制的成本过高。发达国家的经验说明，行业协作机制是解决这一问题的有效途径之一，由一些行业组织和隐性的合约关系来协调可以保障市场机制的有效运行。

（一）行业组织的地位与作用

行业协会和商会是行业组织的典型组织形式。在德国、日本等资本主义发展起步相对较晚的国家，行业组织在经济运行中的地位和作用尤为突出。以下以日本为例。

第一，行业组织内企业之间的协作可以弥补市场失灵。首先，行业组织可以以国家利益和行业整体利益为导向协调行业内企业间的竞争行为。日本是外向型经济，原料和成品都严重依赖其他经济体。行业组织为了行业内企业的整体利益会采取措施制约同行企业间的恶性竞争，例如，有序安排进出口，包括进出口贸易的规模、价格、质量和技术标准，代表行业整体进行贸易谈判。其次，行业组织为中小企业提供必要的公共物品和服务，降低中小企业的经营成本。中小企业财力薄弱，无力负担一些服务方面的支出，而这些服务是相关行业中小企业的共性需求。于是，行业组织通过协作来为中小企业提供行业信息、产品或技术推广、劳动力培训和融资等方面的服务，从而大大降低中小企业的经营成本。最后，行业组织可以减少产业衰退带来的消极影响。产业衰退导致就业和投资锐减，会给社会带来很大负面影响，行业组织可以通过安排失业工人重新就业和相关企业转产来减缓产业衰退带来的负面影响，日本的"萧条卡特尔"就是这类组织。

第二，行业组织与政府的协作可以弥补政府规制的不足。首先，市场经济活动复杂多变，政府的规制难以涵盖所有交易活动，而且，由于行政决策有时间周期，政府规制对经济活动的变化反应滞后。这些因素都给了行业组织发挥作用的空间，因为行业组织在政府的一般规则下，能够根据自身的信息优势制定专业性更强的行业规则。其次，法律和行政机制虽然可以通过强制性惩罚来保障经济主体进行合法交易，但往往成本过高，而且容易造成扭曲效应，运用行业组织的协商机制可以降低产业界的交易成本。与美国崇尚使用法律不同，日本往往通过行业组织的仲裁机制来处理交易纠纷。再次，政府产业政策的效率，必须以充分掌握企业层面和行业层面的相关信息为前提，而市场经济主体庞大而分散，如果没有一个信息传递和收集的渠道作为决策辅助，政府的产业政策效力显然是难以保障的。此外，各个经济主体经常会发生利益冲突，行业组织可起到协调各方利益的作用，如日本的经济产业省中的常设机构——产业政策咨询委员会，是一个利益博弈的平台，在很多情况下充当协调各方利益的角色。

（二）发达国家提升行业组织活动能力的启示

日本、德国的行业组织模式对我国行业组织的培育与发展具有一定的借鉴意义。一是要建立有体系的行业组织结构。为使企业更有效率地运行，行业公共物品和服务的提供是一个必须解决的问题。政府应该根据行业的生产力发展水平和产业分工布局建立体系化的行业组织。二是明确行业组织的功能定位，并通过立法和行政等手段规范其行为。行业组织的功能定位包括行业规则制定、融资服务提供、技术推广、产品营销和行业人员培训等。三是政府应加强与行业组织的联系，建立政府、企业与行业组织之间的信息沟通机制与协商机制。

第六章　生产性服务业与制造业协同发展的政策建议

推进生产性服务业与制造业的协同发展是一项意义重大且紧迫的系统工程。进入"新时代"以来，我国生产性服务业与制造业的协同发展有了长足进步，但与发达国家和地区相比仍相对落后。这主要表现在：我国制造业长期被锁定在产业价值链低端，大而不强；生产性服务外包化水平低，尤其是生产性服务业的自主创新能力依旧较为薄弱；生产性服务业与制造业集聚的协同度低，并且存在供求关系结构性矛盾；政策和体制约束；等等。

客观地讲，从"中国制造"转型到"中国创造"，我们还有很长的路要走。为了实现这一目标，国家适时提出了创新驱动发展战略，并制定了"十三五规划"和"中国制造2025"行动纲领，同时大力推进"供给侧改革"和国企改革。

为了建立能有效促进制造业与生产性服务业协同发展的长效机制，至少需要解决好以下主要问题：提升生产性服务业与制造业的协同聚集水平、完善协同发展的创新机制、改善协同发展的市场环境、增强政府的指导和调控作用等。

第一节　提升生产性服务业与制造业的协同聚集水平

产业集聚有助于生产性服务业与制造业产业联动程度的提升。生产性服务业的发展需要较高水平的制造业作为支撑。实现制造业高端化，即由简单的加工制造和组装生产向较高层次的研发设计、品牌经营、市场营销、售后服务和现代金融服务升级，有助于增加对生产性服务业的需求。同时，生产性服务业本身也具有集聚特性，使得它对制造业的集聚水平提出了更高的要求。事实说明，只有相关制造业集聚到相当高的水平时，才会产生对与此相关的生产性服务业集聚的需求，也才能支撑某些专业化的生产性服务业集聚的发展。整体而言，目前我国生产性服务业与制造业集聚程度不高，这种状态不利于我国制造业与生产性服务业的协同发展，需要采取针对性措施予以改进。

一、采用差异化支持政策

生产性服务业与制造业协同集聚的根本条件是它们之间的产业联动，以及由此带来的集聚经济性。集聚经济性表现在内部规模经济（企业层面）、外部规模经济（产业层面）和城市化经济（地区层面）三个方面。虽然生产性服务业与制造业形成协同集聚是经济主体理性选择的行为，但由于其具体原因和过程异常复杂，因此，政府应因时、因地、因事制宜，根据不同情况，采用差异化政策予以引导。

（一）因资源禀赋差异施策

资源禀赋是集聚经济的三大基础性因素之一。由于不同门类的生产性服务业和制造业所需的主要资源不同，各地区的资源条件和禀赋又千差万别，所以，政府在鼓励生产性服务业与制造业扎堆集聚时，务必考虑资源禀赋的差异性。因所有产业都需要人力资源，这里仅以人力资源为例说明。

外部经济告诉我们，专业化劳动力市场具有规模效应。产业关联紧密的行业集中在一起必然形成对劳动力较大规模的需求，从而促使产业集聚地形成一个区域性的、统一的专业化的劳动力市场。有了这样的地区性劳动力市场，企业就可以根据实际情况调整雇佣劳动力的数量和结构。同时，集聚形成的统一劳动力市场有助于劳动力的交流，实现对具有专业技能的劳动力的共享。有鉴于此，政府在制定相关政策时，必须慎重考虑：第一，本地区所集聚的产业对人力资源需求的档次特征；第二，切实解决好集聚于本地区的务工人员的后顾之忧，如居住、劳保、医疗、子女教育等。

（二）因中间产品不同施策

中间产品泛指从初级产品到最终产品之间的处于加工过程的产品，如原材料、燃料、在制品、半成品、其他中间投入品等。中间产品是生产性服务业与制造业产业关联的纽带，也是催生生产性服务业集聚和制造业集聚以及二者协同发展的具体原因。因为同行业企业的集中可以利用地理位置的毗邻性，在中间投入品采购、运输和库存以及成品销售方面建立合作关系，这不仅可以争取到中间投入品批量采购价格折扣、节省运输和库存成本，还可以有效扩大市场需求。

中间产品的规模经济亦是上下游企业集聚的重要原因。内部规模经济使企业平均成本在产量提高条件下呈下降趋势。外部规模经济则由于整个行业的产量增加，行业基础设施的固定投入能分摊到更多的产品上，因此单个企业的平均成本会下降。可以说，内部规模经济形成了产业协同集聚的动力，外部规模经济则为产业协同集聚提供了自我强化机制。

中间产品门类众多、品种繁杂，这一特点在信息化、智能化、服务化的今天表现得尤为突出。据此，不同地区面对不同的产业集聚类型和水平，推出的政策应是差异化的、有针对性的。其要领在于：第一，政策措施要有助于提高中间产品的关联性；第二，政策措施要有利于提高中间产品投入的规模经济性。

（三）因产业集聚阶段性差异施策

在生产性服务业与制造业集聚的不同阶段，二者呈现出不同的互动特征，政府要据此采取差异化的支持政策。根据一般规律，政府政策的逻辑顺序是"保护—扶持—引导—规范"。

在产业集聚发展初期，政府应重点改善集聚区内的基础设施条件，如交通、金融、通信、商贸等，并努力培育生产性服务市场。

在产业集聚发展成长期，由于制造业发展所带来的对生产性服务企业的需求增加，集聚区内生产性服务企业的竞争开始凸显，此时政府应重点扶持生产性服务龙头企业，促使其向创新差异化驱动模式转型。与此同时，政府要引导集聚区内生产性服务企业建立产业联盟、行业协会等组织，并以构建产业集聚资源信息共享平台等方式，促进生产性服务业与制造业之间及其内部整合、共享创新资源，维护行业竞争秩序，提高行业发展水平，并形成优势互补、良性互动的产业链条。

在产业集聚发展成熟期，面对日趋细分的生产性服务市场的复杂需求，政府应更侧重于规划调整区内产业结构，适时进行产业调整或转移，切实培育知名品牌；同时多引导区内企业加强交流，营造集聚区内更加信任的企业合作关系，降低市场交易成本，从而强化集聚区内生产性服务业与制造业企业的互动。

二、科学规划产业集聚的空间布局

生产性服务业与制造业的投入产出关联具有空间特征。产业关联是生产性服务业与制造业协同集聚的必要条件与基础，空间联动则是二者协同集聚的表现形式。空间联动是两个产业部门基于产业关联和协作而实现的空间有序分布。

（一）科学规划产业集聚的区域布局

产业在国家层面的空间布局是影响产业集聚的首要因素。

总体原则是，要充分利用交通、信息技术迅猛发展的契机，结合国家城镇化、十三五规划、中国制造2025、"互联网＋"等战略规划，形成以中心城市为龙头、重要工业化城市和服务业城市为关键支撑点的协同集聚布局。

第一，在国家层面形成梯度式的集聚。东部沿海地区，由于土地、人力等要素成本较高，而且自然资源贫乏，环境容量小，不利于发展一般性制造业，但东部沿海地区具有明显的人才和技术优势以及完善的基础设施，这利于高端生产性服务业的发展。因此，东部沿海地区应积极推进生产性服务业的集聚，带动研发中心、科研基地、金融服务和商务服务中心的发展。中西部地区则应利用其土地和自然资源丰富的资源禀赋，承接东部地区的产业转移，发展优势制造业，并通过与东部地区的战略合作，推进制造业产业集聚，提高制造业的技术含量，从而提升自身在制造业价值链中的地位,并促进制造业对生产性服务业需求的增加,实现二者的协同发展。

第二,在区域层面形成各具特色的"经济圈"。充分利用大城市交通网络发达、人力资本密集、技术基础雄厚的优势,推动生产性服务业在中心城市集聚,而利用都市圈卫星城市土地租金低、距离原料产地近或物流便利等优势,把制造业集聚在这些卫星城市,通过专业化和集聚实现各自的规模经济和范围经济。目前,长三角、珠三角、京津冀、粤港澳大湾区等经济圈已初现或基本成型,尚需统筹规划,进一步完善。

(二)科学规划产业集聚的城市布局

促成产业空间联动的一个重要条件是适度的空间成本。

生产性服务业和制造业的协同集聚,实质上是产业从纵向一体化向纵向专业化演变,分工和交易是产业集聚中最重要的活动。能否实现协同集聚,取决于空间成本的节省程度,尤其是运输成本和商务成本。垂直专业化可以减少这两项成本。空间成本和产业集聚度是倒U形关系,而非线性关系,即过高、过低的空间成本都不利于产业集聚度的提高。很多案例的数据表明,高度的产业集聚对应着中等水平的空间成本。此外,城市规模也会通过商务成本的作用影响产业的协同集聚。在城市规模较小、制造业发展水平不高时,商务成本是比较低的。在此阶段,由于专业化分工程度不高,生产性服务业发展不充分,制造业占主导地位,因而制造业的集聚会对生产性服务业产生挤出效应。随着制造业的发展和城市规模的扩大,商务成本呈上升趋势,两个产业部门的互补效应明显提高,促使生产性服务业和制造业在空间层面产生联动。伴随城市规模的再扩大,在商务成本进一步提高的刺激下,产业间的互补效应开始减弱,而在资源利用和要素获取方面的竞争性加强,生产性服务业和制造业则由"向心"走向"离心"。

基于此,政府推出政策的要领是:第一,总体原则要体现中心城市发展生产性服务业,周边城市发展制造业的产业布局模式。第二,要充分发挥产业集聚的外部经济性。外部经济实质上是空间外部性,即具有产业关联的企业在空间上接近的过程中所产生的经济效应,这是企业选择在地理上集中的关键因素。

(三)提供科学合理的制度支持

制度是博弈的规则,是维护协同关系的规范。政策作为一种重要的制度安排,对产业集聚的影响举足轻重。较之于制造业,生产性服务业由于其产品的特性,需要更多更复杂的制度安排才能保证其正常运营。比如微观上的企业厂址选择,宏观上的产业区位分布、产业集聚后的治理等,都受制度安排的影响。好莱坞是一个由契约制度促进产业集聚的典型案例,美国硅谷的崛起也得益于大学、企业和政府之间的产学研合作制度的安排。

总的原则是：保持政策的开放性。开放的经济政策和封闭的经济政策的效应截然相反。前者鼓励要素的自由流动和市场机制发挥作用，从而能促进分工和专业化；后者的作用恰与其相反。

制定政策的要领是：创造专业化条件，鼓励竞争，基于信任与合作的非正式制度安排。专业化分工是产业集聚的起始条件，也是产业协同集聚的动因。专业化生产要素、关联产业的竞争、本地的特色需求和精细的技术分工是专业化条件的主要内容。所有经济现象都是在文化背景中产生的，文化因素对于经济活动有着重要影响。文化是正式的制度、非正式制度以及一系列社会习俗和惯例的集合，是一种公共资源。

第二节 完善生产性服务业与制造业协同发展的创新机制

我国经济步入"新常态"，我国的经济发展动力也从要素驱动、投资驱动转变为"创新驱动"。为了改变我国制造业长期被锁定在全球产业价值链低端的状况，提高生产性服务业与制造业协同发展水平，需要依据"新常态"的特征，以加快"供给侧改革"为导向，建立生产性服务业与制造业的协同发展的创新驱动机制。

一、产业创新的紧迫性

近40年来，随着国际产业调整，我国制造业通过代工模式嵌入全球价值链，并得到快速发展。跨国公司在全球范围内组织生产经营活动，控制产品研发与设计、品牌和营销这两个具有高附加值的价值链环节，而把配件生产和装配等中间环节分散在其他国家进行。由于价值链两端环节具有独特性和创造性，跨国公司因此获得了价值链中的大部分利润。长期以来，我国制造业基础薄弱，技术创新能力不强，在研发设计和营销等环节都没有优势，因而只能依靠劳动力和资源方面的优势参与到国际产业分工中，承接的也大多是高能耗、高污染的产业，这些产业的技术含量低，附加值低，利润率自然也低。

我国产业被锁定在价值链的低端，致使我们长期摆脱不了"三高一低"（高投入、高消耗、高污染、低效益）的经济增长方式。近些年，我国制造业产业水平有了很大提高，有些行业与国际先进水平的差距越来越小，有的甚至顶上了"天花板"。但我们必须看到，一方面，由于资源和环境的外部约束不断强化，劳动力等生产要素成本正在加快上升，"地板"也越来越高；另一方面，我国生产性服务业仍然处于初级发展阶段，60%以上为传统服务业，科技研发等高端服务业尚未成为主流,结构层次比较低。与此同时,我国还面临其他发展中国家快速工业化所带来的追赶压力。如印度 2014 年 9 月推出了"印度制造"战略计划,宣布了一连串吸引外资的重大政策,意图打造新一代的世界制造工厂。一旦印度等国家开始大规模、快速工业化的进程,其人口红利将对我国的传统产业带来巨大的压力。

一个不争的事实是,在消费需求不断升级、内需乏力、人口红利逐渐消失、发展中国家同质竞争、逆全球化、贸易保护主义重新抬头的背景下,我国制造业的低端化导致了产能过剩,也无力拉动生产性服务业的发展,致使生产性服务业与制造业协同发展严重受阻。

近年来,我国试图改变现有不合理的制造业产业链价值分配格局,通过创新驱动、"中国制造 2025"等战略促进制造业转型升级,但发达国家则通过强化知识产权保护、设置高关税贸易壁垒（在技术标准、质量、安全和环保等方面）、规定代工企业进行高昂的专用性资产投资等手段来阻挠这一改变,企图使发展中国家陷入"代工—微利化—自主创新能力缺失"的恶性循环,从而把发展中国家锁定在价值链低端。

由此可见,为了保证我国经济稳定健康发展,使制造业既大又强,使生产性服务业与制造业良性互动、协同发展,我国必须建立协同创新机制,依靠创新驱动,突破现有的国际分工体系,以便向价值链高端挺进,实现弯道超车和中华民族的伟大复兴。

二、建立产业协同创新系统

产业创新是产业竞争力的源泉,是生产性服务业与制造业协同发展的动力。

产业创新系统是一组由开发和生产某产业产品、发明和利用该产业技术,通过技术发展中的互动和合作过程,创新与市场活动中的竞争和选择过程联系起来的企业所组成的系统[①]。产业创新系统的基本构成要素有:产品或服务;参与者,包括企业组织和金融机构、大学、政府等非厂商组织;学习过程;技术、需求、投入产出等关联关系;企业间相互作用机制;竞争和选择过程。产业创新系统的运行即是在一定的制度条件下,参与者之间通过相互作用和学习等过程,促进知识和技术的产生、积累和传递。

(一) 处理好产业创新系统中各子系统的关系

关于产业创新系统中各子系统的关系,理论上有两种处理方法,一是清晰划分二者的边界,二是模糊二者的边界。相应形成了处理生产性服务业和制造业创

[①] Breschi S, Malerba F. Sectoral innovation systems: technological regimes, Schumpeterian dynamics, and spatial boundaries of Innovation. Technologies, Institutions and Organizations. Pinter, London/Washington, 1997: 130–156.

新系统的三种思路：两个产业部门的创新机制是相同的，可以相互套用；两个产业部门的创新机制有显著差异，宜采取不同的理论工具进行分析；把生产性服务业和制造业视作一个有机整体来分析其创新机制。

实践中，到底依据哪一种思路来制定政策，需要考虑经济体的经济发展阶段。一般而言，在工业化的初期和中期，制造业居于主导地位，忽视两个产业部门创新机制的差异，使之相互套用成功的经验是合适的；在工业化中后期阶段，制造业和服务业同步发展，将生产性服务业和制造业视作一个有机整体来构建其创新机制是恰当的。

我国是一个大国，产业门类齐全，但亦繁杂，且不同产业及其子产业的发展水平千差万别，各地区的工业化水平也参差不齐。因此，政府在拟定相关政策时，务必把握两点：第一，学习借鉴发达国家的先进经验，充分考虑我国的国情；第二，做好顶层设计，充分考虑产业、行业和地区差异。

（二）把握住生产性服务业与制造业在创新方面的差异

生产性服务业与制造业在创新方面有许多差异，认识这些差异对于促进两者的协同创新很有必要。

第一，知识基础和学习过程方面的差异。由于制造业的产品和工艺知识的可接近性和可积累性较高，且易于编码，故学习行为更容易发生。生产性服务业的产品一般具有无形性、不可分性、内隐性和即时性等特征，新知识产生和传递的难度较大，创新的发生率因此也较低。但生产性服务业在知识生产和技术创新方面也有其独特的优势：与制造业密切联系提高了其知识的可编码程度，接近消费者使得其知识的专业化程度高，位于产业链上游位置使得其基础技术具有较高的共性。这些特征都有利于生产性服务业的知识生产、积累和扩散以及技术创新效率的提高。

第二，基础技术、投入和需求方面的差异。制造业基础技术一般是显性的，具有可成文、直观、标准明确、关联互补等特征；生产性服务业的基础技术多体现为组织管理和信息等方面，以隐性知识为主，难以确定明确的标准，技术关联互补度低。制造业的投入特征与要素密集度相关，劳动密集型产业、技术密集型产业和资本密集型产业在投入的关联互补度上依次提高；生产性服务业在要素密集度上与技术密集型产业和资本密集型产业类似，其投入的关联互补性较高。制造业在需求方面，具有这样的规律：企业的内部环节越多，对外部的需求也越多越复杂。制造业企业内部生产环节多，企业之间以纵向的产业关联为主，需求呈现单向线性的特征；生产性服务业企业内部环节较少，因此，需求的强度较小，而且需求呈现互补性特征。

第三，参与者关系类型与结构方面的差异。制造业知识专业化程度较高的特点决定了制造业创新系统中参与者之间的关系明确而清晰；生产性服务业由于广泛的适用性，其创新系统中参与者之间的关系结构较为复杂。

第四，制度、选择和多样性方面的差异。不同类型的产业对制度的依存度是不一样的，产业构成要素之间的关系复杂度与对制度的依存程度呈正相关关系。换言之，技术含量高和附加值含量高的产业因其要素间的协作关系较复杂，对制度环境的敏感度较高。生产性服务业创新系统中参与者之间的关系较制造业复杂，因此，它对制度的依存度也较高。

（三）完善协同创新策略

第一，以生产性服务业作为政策作用的引导。制造业具有知识专业化程度高、产业分类细致、创新传递速度快等优势，但也存在生产要素互补关联性低、企业之间联系渠道狭窄等缺陷，因此，制造业受外力调节作用较弱，创新活动对制度和环境不太敏感，创新的水平外溢程度较低，创新活动向狭窄而纵深的方向发展。生产性服务业创新传递速度较慢，企业之间的联系渠道广，生产要素之间的互补关联程度较高，这些都会强化生产性服务业的自我发展机制。但生产性服务业对于环境和制度反应较制造业敏感，因此，为促进生产性服务业和制造业的协同创新，政策实施要以生产性服务业为重点。

第二，促进制造业的技术创新和生产性服务业的组织革新。在制造业内部，企业之间的联系渠道狭窄，加之对制度变化不甚敏感，客观上增加了制造业进行组织革新的难度，而且制造业企业之间的关系模式也不利于组织革新成果的扩散。另一方面，制造业的技术创新成果能够较快地获得利润回报。因此，制造业进行技术创新的动机强。生产性服务业由于其组织关联的范围更广、复杂度更高，组织革新更容易扩散。根据 Edwin 的研究，生产性服务业和制造业在创新倾向方面有显著的差异，技术研发对制造业有较大影响，而组织革新对生产性服务业有较大影响。技术创新和组织革新需要相互配合，制造业的技术创新可以刺激生产性服务业的组织革新，生产性服务业的组织革新又可以带动制造业的技术创新。制造业与生产性服务业分别在技术和组织管理方面进行创新，并通过产业互补加强协同创新。

第三，以科学划分的产业类别作为政策制定和执行的依据。在传统工业化时代，产业分立是基本特征，表现为清晰且固定的产业边界、以产品和服务为中心形成分割的市场。在信息技术革命为主导的工业化时代，产业经济由以物质流为主导向以信息流为主导演变，由以工业技术为核心向以信息技术为核心演变，由以物流运输平台为基础向以信息运行平台为基础演变。产业融合与协同发展是信息化时代的大势所趋。这种转变打破了传统的产业边界，传统的三次产业划分方法不再适应产业融合和协同发展的趋势，而且这种产业分类方法不是基于创新的视角。为此,有学者从更微观的角度对产业经济要素进行区分,据此把产业分为物质产业部门、位置产业部门和内容产业部门①。Pavitt(1984)提出了基于科学的、规模密集的、专业化供应商以及供应商主导的创新的产业分类方法,随后有学者将这种分类方法拓展到服务业。这些分类方法凸显了产业的创新元素,但是弱化了产业在其他特征上的差异。但这种分类方法还是为制造业和生产性服务业的协同创新提供了有价值的思路。

三、开展知识、技术和制度创新

创新驱动是通过知识的发现、技术的发明与扩散,以及知识技术人力资本等要素的组合运用和制度保障,来实现经济高效益、生态和谐、可持续发展目标。创新驱动包括知识创新、技术创新和制度创新等方面。

科学上的发现和知识创造是创新驱动的源泉,是技术创新的基础。在现实需求的引导下,在科学发现的启发下,新产品、新工艺和新技术得以产生,并通过一系列的制度安排实现其广泛的社会应用。在创新驱动中,科研机构、高等院校和企业分别是知识创新和技术创新的主体,知识创新与技术创新的协同在一定程度上就是这些创新主体之间的协同。知识创新与技术创新的协同对于生产性服务业和制造业有着不同的意义。由于知识密集的特征,知识创新对生产性服务业有着更为重要的意义,而技术创新对制造业来说更为重要。知识创新和技术创新两者又是相互促进的,新知识促成新工艺、新技术和新产品的产生,创新者短期内获得超额利润,于是吸引竞争者纷纷模仿,竞争使得新技术得以推广,也使得创新者超额利润消失。在利润动机的驱使下,经济主体又积极开始创新活动,如此循环往复的知识创新和技术创新使得生产性服务业与制造业协同发展得以稳步推进,水平螺旋上升。

制度创新应包含市场创新和政府创新②。市场创新主要是科技金融,推动技术创新与金融创新的深度结合,促进金融资本开展以技术创新成果孵化为新技术的金融活动。政府创新是为了营造良好的市场环境,构建良好的市场结构,其途径是提高创新投入和提供法律保护措施。由于创新成果的外溢性和公共性,政府必须提供和引导公益性投资。政府可通过法律措施来鼓励与保护创新知识和创新技术。有实证分析结果表明,适度的知识产权保护可以提高创新驱动效应。因此,制度创新为知识创新和技术创新提供有形的保障,进而推动生产性服务业和制造业的协同发展。

---

① 周振华. 新产业分类:内容产业、位置产业与物质产业 [J]. 上海经济研究,2003 (4).
② 洪银兴. 论创新驱动经济发展战略 [J]. 经济学家,2013 (1):5–11.
王伟光,马胜利,姜博. 高技术产业创新驱动中低技术产业增长的影响因素研究 [J]. 中国工业经济,2015 (3):70–82.

四、制度安排和产业政策

一是构建相关的法律政策支持体系。例如，保护知识产权，让企业有动力去创新；创造正向激励机制让企业有愿望去创新；适当的财税、金融政策激励，让企业有能力去创新。

二是引导和支持成立合作平台及公共科技创新服务平台。重大技术、共性技术以及关键技术上的突破，很难靠单一企业解决，需要依靠政府出台相关的政策去引导成立合作平台，协同攻关。生产性服务业和制造业企业需要一个产业（行业）合作平台，以便分享技术标准、行业规范、组织文化，甚至基础设施等等。两者也需要围绕主导产业集聚布局建设的公共科技创新服务平台，以便提高科技创新的社会效率。

三是培育中小企业技术创新能力。中小企业在我国的经济发展和技术进步中占有重要地位。培育中小企业创新能力，既有利于促进科技成果转化，又有利于促进我国经济增长方式的转变，有利于我国生产性服务业与制造业的协同发展。

四是加快新一代信息技术、人工智能与制造业、生产性服务业的深度融合。这是新时代的创新方向。当前，全世界的产业正在经历深刻的变革，其核心是现代信息技术与传统行业的深度融合。这一变革是以数字制造、互联网与新材料技术等领域的重大创新与深度融合为标志，其结果势必推动一批新兴产业的发展，并将导致整个产业形态、制造模式、组织方式等方面的深刻变革。政府应通过税收、政府采购等举措鼓励信息技术与制造业、生产性服务业深度融合。

第三节　改善生产性服务业与制造业协同发展的市场环境

大至一个产业甚至整个国民经济，小至一个行业、一个企业，都是一个具有开放性的系统。系统理论认为，开放系统的生存发展受制于其外部环境。从产业的角度看，外部环境亦可称之为市场环境。一般认为，市场环境主要包括政治法律、经济技术、社会文化、自然地理和竞争等方面的因素。

我们可以把生产性服务业与制造业合起来看作一个系统，也可以把两者分别视作为两个独立的系统。前一种情况说明，生产性服务业与制造业对环境条件有着共同的需要；后一种情况则说明二者除共同需要外，它们还互为对方的环境因素。

毋庸讳言，不良的外部环境是阻碍我国生产性服务业、制造业以及两者协同发展的主要因素，广为流传的"投资不过山海关"就是一个明证。市场环境因素众多，本节难以面面俱到。以下仅基于市场的地位与作用来探讨几个较为突出和迫切需要改善的现实问题。

一、发挥市场在资源配置中的决定性作用

鉴于我国经济体制改革的核心问题仍然是处理好政府和市场关系，党的十八届三中全会提出了市场在资源配置中起决定性作用的论述。发挥市场在资源配置中的决定性作用，其实质是让价值规律决定资源的配置，是对市场作用的一个全新的定位，是对政府和市场关系认识上的一个新突破。由市场决定生产什么、生产多少，决定采用什么方法生产，决定产品和服务的初次分配。在社会主义市场经济条件下，虽然其他力量可以影响和引导资源配置，但决定资源配置的力量只能是市场。

资源配置是把资源分配到不同物品和服务的生产上，把生产的物品和服务分配给各生产要素所有者。市场是社会配置资源的一种手段，是人类文明发展的一个共同成果。理论和实践都证明，市场配置资源是最有效率的形式；历史和现实表明，在我国目前的生产力水平下，市场经济是资源配置最有效率的经济体制，也是生产性服务业与制造业实现协同发展的最优途径。

各产业部门对资源的需求是无限的，而社会的总资源是有限的、稀缺的。市场通过价格这只"看不见的手"来进行资源配置。在市场经济体制中，价格有着传递信息、分配收入、提供激励三大功能，能够引导市场主体把资源投入到最能满足社会需求的产品和服务上，从而实现社会资源的优化配置。作为市场经济基本规律的价值规律，通过由市场交换形成的分工协作的社会生产机制、由市场竞争形成的奖勤罚懒优胜劣汰机制、由市场价格自动调节的供求机制等，使稀缺资源得到最优配置。

我国经济发展已进入新常态，这是综合分析世界经济长周期和我国发展阶段性特征及其相互作用作出的重大战略判断。发挥市场在资源配置中的决定性作用，与我国经济发展进入新常态高度契合，具有鲜明的针对性和很强的指导性。第一，有利于区分政府和市场的职能和作用。市场在资源配置中起决定性作用，并不是起全部作用。发展社会主义市场经济，既要发挥市场作用，也要发挥政府作用。政府的职能和作用主要是提供"公共产品"，弥补市场失灵。第二，有利于转变经济发展方式。当前，我国经济结构不合理，生产性服务业与制造业协同度低，转型升级任重道远；粗放型经济发展方式转变迟缓，发展不可持续的问题依然突出。让市场真正在资源配置中发挥决定性作用，经济发展方式的转变就有了体制机制基础。第三，有利于转变政府职能。目前政府治理和市场功能的边界不够清晰，政府越位、缺位、错位并存。市场在资源配置中发挥决定性作用，要

求政府把应该由市场和企业办的,还给市场和企业。这样,政府才能履行好自己的职能。

二、完善基础设施,搭建信息共享平台

基础设施、信息共享平台,既属于生产性服务业,也是生产性服务业自身与制造业共同的环境因素。

(一)完善现代交通与通信等基础设施

生产性服务业与制造业对基础性设施有其特殊要求,我国在这方面的投入虽有大幅增加,但较之于需求仍显不足。因此,政府应跟随新一轮科技革命和产业革命浪潮,前瞻性地加强对基础设施的资本投入,尤其是与生产性服务业发展密切相关的现代交通、信息传输等方面建设,以及有利于产业集聚的配套基础设施的建设,以便降低要素集聚成本,吸引生产性服务业与制造业加快集聚。

第一,大力建设交通基础设施。高铁、高速公路、产业集聚区的通信设施、场站、港口等,不仅有利于促进要素快捷流动,降低商品的空间运输成本和交易成本,提高集聚区的对外辐射效应,而且还有利于金融、仓储、商贸、物流等生产性服务行业在集聚区内加速集聚,并为提供良好的生产性服务创造条件。

第二,利用信息技术迅猛发展的契机,大力加强信息网络基础设施建设,创建良好的信息传输条件。随着基于互联网平台的信息产业融合技术的快速发展和升级,声音、图像、文字、信息、视频等在传统产业分工范式下由不同信息产业部门提供的要素,现在都可借助互联网平台进行发送传播,从而极大地丰富了服务业向制造业知识外溢的内涵和容量,甚至使得生产性服务业更多地远程参与制造业价值链活动成为可能。加强通信和网络设施建设,将有力地提高服务业知识和信息传送能力,降低信息传输成本。因此,在国家提出"互联网+"、大数据背景下,信息技术发展对于提升中心城市生产性服务业的辐射能力,促进其与制造业的协同发展十分关键。国家应积极实施信息化带动生产性服务业集聚的战略,完善城市信息基础设施。加快建设新一代通信网、下一代互联网,形成高速高质的干线传输网络,一些有条件的城市可建设宽带无线城市和"智慧城市"。

(二)搭建制造业与生产性服务业协同发展的信息共享平台

在我国创新资源整体不足的情况下,建立制造业与生产性服务业协同发展的信息共享机制,搭建信息共享平台,是提升产业创新能力,促进制造业与生产性服务业协同发展的有效举措。制造业与生产性服务业的信息共享与标准的对接,可以降低由于信息不对称和标准条块分割所带来的风险,创造及扩大对彼此的市场需求,完善互信互利的合作基础,增加二者的互动水平,并最终实现制造业与生产性服务业利润的增加。

在建立制造业与生产性服务业协同发展的信息共享机制、搭建信息共享平台方面，政府应积极发挥主导作用。政府要加大资金投入，制定制造业与生产性服务业共享信息的采集、传输、处理和控制等标准与规范，大力发展研发服务、专业技术服务、科技交流和推广服务，推动研发设计、信息咨询、产品测试等制造业与生产性服务业公共信息平台的构建；加大对信息资源的开发、整合、利用力度，提高信息资源的共享和创新效率；积极发展电子商务、电子政务系统，使制造业与生产性服务业企业的经营密切结合，促进行业竞争力的提升。

在微观层面，具有较强自主创新能力与信息资源优势的企业应主导并带动行业内企业共同建立一个面向上下游客户的信息服务平台，实现资源共享、数据共用、信息互通，以降低市场交易成本，提高服务质量。对构建共享信息平台、开展行业信息共享试点的，优先列入各级政府科技创新资金和技术改造项目计划，享受相关优惠政策。

三、改善竞争和信用环境

公平竞争、诚实守信和人才支持，对于生产性服务业和制造业的协同发展来说尤为重要。

（一）营造公平竞争的市场环境

营造公平竞争的市场环境是建立现代市场经济体制的根本要求，也是推进生产性服务业与制造业协同发展的必要条件。

第一，降低行业门槛，打破垄断。垄断限制了要素的自由流动，降低了资源配置效率，不利于制造业和生产性服务业的协同发展。美国、日本等国都有通过反垄断来推动产业发展的成功案例。当前，我国部分生产性服务行业诸如铁路、电信、金融等公共服务部门准入门槛过高，行业壁垒普遍存在，民间资本难以进入。这既限制了生产性服务业的市场竞争程度，也阻碍了制造业与服务业之间的协同发展。政府应结合国企改革，推进垄断生产性服务行业市场化转型，采取切实措施强化对生产性服务业的反垄断审查，降低生产性服务行业市场准入门槛，实现行业主体地位平等，形成公平、公正、公开的市场准入制度。

第二，减少政府对经济的规制。生产性服务业对政府规制反应十分灵敏，尤其是信息、技术和金融服务业等知识和技术密集的生产性服务业。我国政府在价格制定、投融资和行政审批等方面规定过多过细，规制效率十分低下。这既增加了制造业和生产性服务业的交易成本，又抑制了制造业和生产性服务业的活力。为激活市场活力，促进产业协同发展，应以建设服务型政府为目标，进一步深化行政审批制度改革，减少不必要的政府规制，建立公开透明、高效规范的市场监管体制，提高行政服务效率。

（二）改善社会信用环境

良好的社会信用环境有助于降低信息不对称带来的交易成本。与一般市场交易不同，生产性服务业对制造业的服务供给往往是一种长期契约，生产性服务业的相关投资具有资产专用性，而且涉及较多的商业机密，因而双方交易的实现需要建立在充分的合作信任基础上。这就需要有良好的社会信用环境。在我国，民众整体信用意识淡薄，商业违约、欺诈和合同纠纷等案例层出不穷，而社会对此的裁决机制还很不健全，处罚不到位，导致制造业和生产性服务企业的信任合作成本较高，阻碍了生产性服务业和制造业的协同发展。为此，当前亟须强化服务企业和民众的诚信意识。一方面，要加快完善社会征信制度，加强企业信用体系建设，建立企业信用评价制度，并根据企业信用评价结果，扶优限劣；另一方面，要不断加强优化各类中介机构（会计事务所、律师事务所、信用征信机构）及个人的信用体系建设，要通过建立社会征信系统，加大对中介机构与个人的监管力度，进一步健全中介组织刚性约束机制，建立中介机构诚信"黑名单"制度，强化中介服务组织的诚信行为，切实维护优化市场信用体系。

（三）形成良好的人才支持环境

生产性服务业是知识和技术密集的行业，对人力资本高度依赖。制造业的转型升级需要技术创新和进步，也离不开大量技术工人。因此，生产性服务业与制造业自身的发展和互动深化都离不开人力资源的支持。目前，我国人力资源丰富，但人力资源的层次不高、结构不合理，表现为普通劳动力相对过剩，而制造业和生产性服务领域专业性人才均十分稀缺，尤其是高级技术工人和高层次服务型人才。这严重制约了制造业和生产性服务业的发展。

制造业企业存在人才流动和人才引进困难的问题。在岗位专业性和合同的限制下，许多制造业企业内部从事生产性服务的专业性人才很难向外部流动，这在一定程度上阻碍了生产性服务的集聚发展。同时，制造业企业普遍存在人才引进困难的问题。很多制造业企业尤其是中小型制造业企业用工规模波动性很大，生产旺季临时招聘工人，生产淡季订单量小时又缩减用工。制造业工人工作的不稳定性，消减了对高质量技术工人的吸引力。与制造业类似，我国生产性服务业由于发展滞后，也存在专业性技术人才匮乏、人才流动性不足的问题。从某种意义上讲，这些问题与我国高等教育的专业设置、培养质量以及国家对于人才的激励政策有一定的关系。

为解决制造业与生产性服务业高端人才匮乏的问题，可考虑采取以下措施。第一，健全和完善人力资源的培养机制。国家应对高端制造业与生产性服务业的人力资源投资予以政策支持，并加大人才市场建设、人员培训与再培训的力度。尤其是要加快高等教育体制改革，加强素质教育，鼓励多学科交叉，培养专业技术人才的自主创新能力。同时，应大力发展职业教育，完善和规范职业资格认证制度，推进职业培训的市场化；加强产学研合作，培养适应市场需求的专业人才。第二，健全和完善人力资本的流动机制，鼓励生产性服务业人才的空间集聚。第三，优化创新人力资源投资的财税激励措施。人力资本是无形资产，也存在较高的折旧，目前尚无针对人力资本的折旧政策，可以考虑把人力资本折旧纳入折旧的财务制度中，以激励企业加强人力资本投入。而且，生产性服务业内部结构复杂，不同细分行业对人力资本的要求区别较大，所以应根据行业特点制定人力资本的培养和激励机制。

第四节 优化政府的指导和调控作用

我国生产性服务业与制造业的供求存在结构性矛盾，一些普通的传统生产性服务过剩，而能满足制造业需要的高端生产性服务业则供给严重不足。制造业和生产性服务业产业分工受阻又进一步制约了生产性服务业的发展，导致二者难以形成良性互动。另外，我国存在科技成果的产业化水平较低[1]、融资难[2]、风险投资机制不健全[3]等问题，这进一步抑制了二者的协同发展。从历史发展经验来看，解决这些问题需要政府主动作为，政府要加强对生产性服务业和制造业协同发展的总体规划和统筹管理，积极发挥在促进生产性服务业与制造业协同发展中的指导、调控和激励作用。

一、更好地发挥政府作用

发挥市场在资源配置中的决定性作用，并更好地发挥政府作用，把"看不见的手"和"看得见的手"都用好。这不仅重新定位了市场的作用，而且也对政府的职能、作用提出了新的要求。发挥市场在资源配置中的决定性作用，其实质就是让价值规律决定资源的配置，但并不是要求市场担负起全部作用；更好地发挥政府作用的意义是政府不是无所作为，而是要坚持有所为、有所不为。

市场机制具有一定的自发性和盲目性。市场机制容易造成宏观经济的不平衡，导致市场失灵。政府只有对宏观经济实行有效管理，才能弥补市场失灵，熨平经济波动，维护宏观经济稳定，促进可持续发展，从而保证资源配置的有效性

---

[1] 据统计，全国约有90%以上的科研成果未能实现产业化。原因在于，科技成果从实验室到工厂缺乏通畅的转换途径，科技成果的中试阶段及后面的产业化阶段投入不足，使得很多有潜力的研究成果在市场化之前夭折。

[2] 在制造业生产过程中，融资是一种重要需求，而我国当前的金融服务难以满足制造业发展的需要。制造业中，中小企业是最具活力和潜力的一个群体，而中小企业融资却异常困难，在银行贷款中，中小企业贷款所占份额极低。

[3] 在发达国家，中小企业融资主要依赖于风险投资基金，健全的风险投资机制是发达国家高科技成果转化率高的主要原因，一些著名的高科技企业，例如、Apple、Yitel、DEC等企业都是在风险资本的支持下发展起来的。我国的风险投资机制目前尚处于起步阶段，这极大地制约了科技成果转化率的提高和制造业中小企业的发展。

和经济运行的有序性。市场主体普遍有追求自身利益最大化的倾向，其结果可能与社会利益发生冲突。政府只有加强市场监管，维护市场秩序，解决市场外部性问题，才能弥补市场的缺陷，实现市场主体利益与公共利益的统一，为市场机制的正常运行创造条件。市场机制容易导致垄断和不正当竞争。政府只有从全局出发做出制度安排，才能保证公平竞争的市场环境。

从生产性服务业与制造业协同发展的角度看，市场机制也不能很好地解决"公共产品"供给问题，如基础设施建设、产业政策、制度安排等。由此可见，市场在资源配置中发挥决定性作用，不是说政府可以对市场撒手不管了，而是要求政府要为"市场在资源配置中起决定性作用"提供条件。政府只有转变职能，市场才能真正发挥出在资源配置中的决定性作用。

更好地发挥政府作用，并不意味着政府要发挥更多的作用，而是要求政府在保证市场发挥决定性作用的前提下，管好那些市场管不了或管不好的事情，如做好宏观调控，进行有效的政府治理。政府的职责和作用主要是保持宏观经济稳定，加强和优化公共服务，加强市场监管，维护市场秩序，保障公平竞争，弥补市场失灵。

政府和市场的作用是相辅相成的。保证市场在资源配置中起决定性作用和更好地发挥政府作用，不是简单地强化市场的作用、削弱政府的作用，而是强调两者优势互补，有机结合，统筹协调，协同发力。这要求转变政府职能，要明确政府往哪里转、怎么转。转变政府职能的关键是要划清政府和市场的边界。具体来说，就是凡是市场能发挥作用的，政府就要简政放权，要松绑支持，不要去干预；凡是市场不能有效发挥作用的，政府就应当主动补位。总而言之，该政府管的要坚决管，管到位，管出水平，要从"越位点"退出，把"缺位点"补上。政府要善于运用负面清单管理模式，只告诉市场主体不能做什么，至于能做什么、该做什么，由市场主体根据市场变化自己作出判断。这需要找准市场功能和政府行为的最佳结合点，切实把市场和政府的优势充分发挥出来，以便形成市场作用和政府作用的相互补充、相互协调、有机统一、相互促进的格局。

二、以智能制造为抓手促进产业协同

正如前文所述，若把生产性服务业与制造业视作两个独立的产业系统，那它们则互为对方的环境因素。因为，生产性服务业需要制造业产生的需求来"拉动"其发展，制造业则需要生产性服务业来"推动"其发展。实践中，生产性服务业与制造业的边界有些是清晰的，如机械制造与金融服务；有些则是模糊的，如智能制造。所以，"互动论"认为生产性服务业和制造业是相互作用和共生发展的关系，"融合论"认为服务业和制造业的边界逐渐变得模糊，出现了产业融合的趋势。无论生产性服务业与制造业的边界怎样，关系如何，它们共生、互动是客观的，需要协同发展是必然的。基于此，以下仅以智能制造为对象来讨论政府对于生产性服务业与制造业协同发展的指导作用。

（一）智能制造是一项国家战略

智能制造是我国制造业转型的主攻方向，同时也是实现"中国制造2025"和"互联网+"两大国家战略的重要抓手。"中国制造2025"是我国政府基于新的国际国内环境，立足于国际产业变革趋势做出的全面提升中国制造业发展质量和水平的重大战略部署，其根本目标在于改变中国制造业"大而不强"的局面。

"中国制造2025"提出了智能制造的国家命题。2017年，国务院印发《新一代人工智能发展规划》；2017年工信部共确定了202个智能制造综合标准化和新模式应用、97个智能制造试点示范项目，完成了25个智能制造标准立项；2018年的政府工作报告提出，加强新一代人工智能研发应用，发展智能产业。

中投顾问产业研究中心发布的《2016—2020年中国智能制造行业深度调研及投资前景预测报告》表明，未来我国智能制造产业年复合增长率约为20%，到2020年产值有望超过3万亿元。根据《中国智能制造"十三五"规划》，在2025年前，我国将推进智能制造实施"两步走"战略：第一步，到2020年，智能制造发展基础和支撑能力明显增强，传统制造业重点领域基本实现数字化制造，有条件、有基础的重点产业智能转型取得明显进展；第二步，到2025年，智能制造支撑体系基本建立，重点产业初步实现智能转型。

人工智能技术和产业的竞争主要在中美两国之间，有些领域，比如像语音识别、图像识别、刷脸，我国可能走在世界的前列，进入了华为总裁任正非先生所说的"无人地带"。在国际前沿的无人地带，我们明确发展方向、制定标准，打造新模式和新产业链。

（二）智能制造与智能服务互动

"智能服务"是指供应链服务体系。从当前我国大多数制造业企业的现状来看，供应链服务体系是一大短板。解决这一问题，政府要有所作为。

第一，培育供应链龙头企业。政府和企业要与"中国制造2025"同步，培育一批具有共享理念和平台模式的供应链龙头企业。国家以及各地区、各行业，都要齐心协力支持平台型龙头企业组织与协同产业链上的中小企业，形成若干集企业高效协同、多种服务功能于一体的供应链服务平台，为制造业提供高效率、低成本、系统化的生产服务解决方案。

第二，建立基于供应链的"务联网"。政府要以任务为导向，引导并支持互联网、大数据、人工智能等新兴技术在供应链领域的应用，以便将孤立的制造业企业和生产性服务企业连接起来，形成互联互通、高效协同的生产性服务网络，从而为实现"中国制造2025"提供高效率、系统化的服务与支撑。

（三）以智能制造促进信息化技术和行业的深度融合

加快信息化技术和行业的深度融合是智能化时代的第一要务，因为人工智能的首要基础是最基本的大数据，只有解决好数据来源、所有权、使用权等问题，产业内的企业才可能共享人工智能生态系统。

人工智能可与各个行业进行对接，其应用能带动诸多产业领域深入到底层技术、底层科学，并以应用为导向构建新的产业优势、技术优势、生态体系。这些行业的应用格局一旦发展成熟，可以反哺技术研发，形成以企业为主体的产学研合作的创新体系。集成电路就是一个例子。深度学习和神经网络处理等新一代人工智能技术，为芯片和芯片设计的架构处理、算法等带来崭新的机遇，在芯片中集成深度学习算法，让芯片做到模式识别和一些关键信息的自动捕捉和自动采集，是芯片在人工智能机遇下的突破方向。因此，人工智能的发展为芯片业的发展提供了机遇。

人工智能未来将面临四个方面的挑战。首先是如何更好地协同，形成良好的人工智能发展生态。其次是建立统一标准，规范产业和企业的行为。把标准制定出来，行业才能明确突破的方向。再次是行业应用，行业深度融合是人工智能的方向。最后是人工智能发展过程中的法律法规，例如无人汽车自动驾驶，已经涉及法律法规。

显而易见，若没有政府的统筹协调和制度安排，仅凭某个行业和企业自身的力量，在竞争激烈的智能制造领域，我们是难有胜算的。

三、推动制造业生产性服务环节外包化

生产性服务的外包化是生产性服务业与制造业之间良性互动的重要途径之一。把一些生产性服务外包，实现生产性服务业的规模化、专业化，可以有效降低制造业成本，拉动生产性服务业的发展，促进生产性服务业与制造业的协同发展。

（一）问题与成因

长期以来，我国生产性服务外包企业普遍存在发展滞后、规模不大、层次不高、质量较差、价格较贵等问题。

究其原因，主要有三个方面：需求、供给和制度安排。首先，制造业提供的需求拉动不足。目前，我国的制造业整体层次不高，高端制造业比例低，而且很多制造业以承接发达国家跨国公司的低端生产环节为生存之道，由于附加值低，利润率低，因而难以产生对生产性服务外包的大规模需求。其次，生产性服务业在供给上不给力。生产性服务具有即时性、创造性和非物质形态的特征，与一般

物质产品的生产不同，其投入具有非标准化特征，难以精确计算，且难以进行预订，这些因素使得生产性服务的定价困难。同时，由于存在外部性以及资产专用性等问题，往往出现生产性服务外包企业的服务定价偏高，从而抑制了制造业对生产性服务外包的需求。制造业企业是否将生产性服务外包，在很大程度上取决于生产性服务外部化边际成本和边际收益的比较。若制造业和生产性服务业的交易成本较高，外包服务的专业水平较低，从制造业的角度看，"性价比"就会成为阻碍生产性服务外包的发展。再次，相关制度尚不健全。生产性服务具有知识和技术密集的特征，如果没有健全的技术专利和知识产权保护机制作为制度支持，生产性服务企业从事技术研发和创新的积极性就会受到损害。目前，我国还没有形成健全的知识产权保护制度，且有关的法律法规之间欠缺协调性。

（二）机遇与发展

在新时代，我国将制造业定位为立国之本，力推产业转型升级，实施创新驱动。这对服务外包业而言，无疑是重大的发展机遇期，所以有专家认为，2018年服务外包业处于风口。

有资料表明，2017年我国服务外包产业实现了两位数、高质量的增长，朝着智力投入、高技术含量、高附加值业务拓展方向迈出了坚实的一步。主要表现在：第一，结构持续优化。2017年承接国际电子商务平台服务、互联网营销推广服务、数据分析服务的执行额分别比2016年增长226.4%、73.8%、51.9%。基于云计算的交付模式变革、基于大数据的业务升级、基于人工智能的平台搭建更加普及。从三大类业务发展来看，2017年知识流程外包（KPO）发展迅猛，特别是国际业务领域，增长约18%，均超过信息技术外包（ITO）、业务流程外包（BPO）7个百分点。2017年ITO、BPO、KPO业务执行额分别为618.5亿美元、235.7亿美元、407.2亿美元，业务结构由2016年的53∶16∶31调整为49∶19∶32。第二，梯度转移加快。随着劳动力成本、商务成本的攀升，服务外包产业由东向西、由南向北加快梯度转移。2017年中部、西部、东北部地区完成合同执行额分别比前一年增长26.5%、22.9%、26.6%，均超过东部地区17.3%的增长速度。

（三）政策与措施

为了促进制造业生产性服务外包的发展，政府在制定政策时要以以下几个方面为着力点。

第一，营造一个良好的制度环境。一是要强化知识产权保护。由于生产性服务业进行技术研发可以带来外溢效应，使得未进行相关研发的企业容易"搭便车"，这会削弱企业进行生产性服务研发投入的积极性。因此，要严惩侵犯知识产权的行为，有效保护科技创新的成果，降低科技创新成果流失的风险。二是加强生产性服务业标准体系建设。鼓励企业积极参与行业标准制定，引进吸收国际先进认证标准，结合本土生产性服务业特色进行标准创新，建立一套具有自主知识产权的认证标准体系。三是加强监管。近年来，不断出现的"外包交付周期超出预期""定制开发产品束之高阁""外包预算上涨"等现象应引起我们的高度重视，治理"敲竹杠"、逆向选择和不守信行为，能有效降低交易成本；同时，信息安全的风险防范也是重中之重。

第二，促进制造业高端化发展。制造型企业应加快向服务业方向延伸，如产品研发与设计、物流与营销等，发展高端生产性服务业，以改变当前传统生产性服务业占主体的行业结构，延长生产性服务业的产业价值链。为此，政府要推动制造业企业通过业务流程和管理创新进行重组，深化产业分工，将非核心业务剥离出来，将更多的资源用于技术研发、品牌运作和市场拓展等业务，促成生产性服务业的规模化与模块化。生产性服务的供给要从制造业企业内部分离出来，实现水平分离；同时，生产性服务业要实现规模化和专业化的发展，形成与制造业的垂直联合。

第三，以创新驱动来提升外包价值。在新时代，过去以"补充劳动力资源、建立成本中心"为特征的外包需求将日益减少，服务外包不再是完成标准化的、固定的业务模块，取而代之的将是"提升价值、创造价值"的外包新需求，服务外包企业要参与被服务企业的管理和标准、流程设计，满足它们创造价值的服务需求。为此，政策要有助于服务外包企业加快资源整合，从而形成社会化协作、共享的"众包理念"，搭建众包服务平台，同时推进数字化行业融合。

第四，发挥示范城市辐射带动功能。政府要引导示范城市由政策洼地转向创新高地，释放辐射带动力；推动产业政策向全国普惠，引导服务外包企业布局更加贴近市场，培育内生增长力；鼓励企业向增强研发创新投入转变，提升服务价值；出台行业标准，引导企业提高综合解决方案服务的能力，增强国际竞争力。

第五，发挥行业协会组织的作用。积极发挥制造业与生产性服务业行业协会在规范制造业生产性服务外包市场秩序、提供交易双方基础信息与平台的作用，合理制定外包价格标准，以提高制造业生产性服务外包的积极性。

四、完善政策支持体系

生产性服务业与制造业协同发展不仅需要良好的物质基础，还需要具有针对性的政策支持。根据我国生产性服务业与制造业协同发展的现状及特征，国家要加强研究制定促进生产性服务业与制造业协同发展的相关配套政策。

一是科技创新支持政策。科技创新是制造业与生产性服务业融合与协同发展的重要驱动因素。政府要以建设"创新型国家"为目标，实施创新驱动发展战略。首先，推动制造业与生产性服务业合作建设包含"研究中心、开发中心和工艺技术中心"三层次的科技创新体系，构建制造业与生产性服务业融合的科技创新平台。其次，整合各方面的科技创新资源，形成以企业为主体，科研院所、高校、政府为支撑的科技创新主体体系，建立官产学研合作交流、共同攻关的机制，并加快多方参与、信息共享的科技创新平台建设。再次，政府部门要加强对重点产业、重点技术的科技创新项目的支持，优化科技项目评选机制，合理分配创新资源，保证有利于促进社会经济发展的重大项目、有利于制造业与生产性服务业协同发展的重大项目优先获得财政资金支持。最后，完善科技与经济结合机制，推动创新成果产业化，在重点领域研发具有自主知识产权的"制造+服务"融合型产品。

　　二是财税金融支持政策。在财政、税收、资金等方面支持制造业与生产性服务业协同发展，扶持鼓励"两业"走规模化、品牌化道路。首先，要加大对生产性服务业的财政资金投入力度，尤其是要加大对信息技术、软件业、文化创意产业等发展潜力巨大的新兴生产性服务业的资本投入力度，提升其整体实力与竞争力。其次，要不断优化财政支出结构，通过设立先进制造业与生产性服务业协同发展专项基金等形式，创新财政资金支持方式，并通过财政补贴、税收优惠等发挥财政资金的引导作用，完善对制造业与生产性服务业的政府采购机制。最后，要大力推进多层次资本市场的建设和完善，以便使生产性服务业与制造业能够通过多元化渠道融资。

参 考 文 献

[1] 陈国亮，陈建军. 产业关联、空间地理与二三产业共同集聚——来自中国 212 个城市的经验考察 [J]. 管理世界，2012（4）：82-100.

[2] 陈国亮. 新经济地理学视角下的生产性服务业集聚研究 [D]. 杭州：浙江大学，2010.

[3] 陈建军，陈菁菁. 生产性服务业与制造业的协同定位研究——以浙江 69 个城市和地区为例 [J]. 中国工业经济，2011（6）：141-150.

[4] 陈建军，袁凯. 企业异质性视角下产业空间分布的"二重性"：基于前沿文献的讨论 [J]. 浙江大学学报：人文社科版，2013（6）：95-106.

[5] 陈菁菁. 空间视角下的生产性服务业与制造业的协调发展研究 [D]. 浙江：浙江大学，2011.

[6] 陈宪，黄建锋. 分工、互动与融合：服务业与制造业关系演进的实证研究 [J]. 中国软科学，2004（10）：65-76.

[7] 陈晓峰，陈昭锋. 生产性服务业与制造业协同集聚水平及效应——来自东部沿海地区的经验证据 [J]. 财贸研究，2014（2）：49-57.

[8] 陈晓峰. 生产性服务业与制造业互动融合：特征分析、程度测算及对策设计——基于南通投入产出表的实证分析 [J]. 华东经济管理，2012（12）：9-13.

[9] 陈晓峰. 长三角生产性服务业集聚的水平测度与效率评价——兼以金融业为例的实证分析 [J]. 工业技术经济，2014（2）：52-58.

[10] 陈晓峰. 长三角生产性服务业与制造业的互动关系检验——基于 VAR 模型的动态实证分析 [J]. 国际商务，2014（2）：54-63.

[11] 程大中. 生产者服务论——兼论中国服务业发展与开放 [M]. 上海：文汇出版社，2006.

[12] 代伊博. 生产者服务业对制造业发展的作用及机制研究 [D]. 武汉：武汉大学，2011.

[13] 杜传忠，王鑫，刘忠京. 制造业与生产性服务业耦合协同能提高经济圈竞争力吗？[J]. 产业经济研究，2013（6）：19-27.

[14] 冯泰文. 生产性服务业的发展对制造业效率的影响——以交易成本和制造业成本为中介变量 [J]. 数量经济技术经济研究，2009（3）：56-65.

[15] 高觉民，李晓慧. 生产性服务业与制造业的互动机理：理论与实证 [J]. 中国工业经济，2011（6）：34-52.

[16] 高静，黄繁华. 信息不对称下生产性服务业 FDI 的空间集聚的实证研究 [J]. 产业经济研究，2011（4）：35-43.

[17] 顾乃华. 生产性服务业对工业获利能力的影响和渠道——基于城市面板数据和 SFA 模型的实证研究 [J]. 中国工业经济，2010（5）：48-58.

[18] 顾乃华. 我国城市生产性服务业集聚对工业的外溢效应及其区域边界——基于 HLM 模型的实证研究 [J]. 财贸经济，2011（5）：115-122.

[19] 何雄浪. 我国产业集聚原因的探讨——基于区域效应、集聚效应和空间成本的新视角

[J]. 南开经济研究, 2007 (6): 43-52.

[20] 赫伯特·C. 格鲁伯, 迈克尔·A. 沃克. 服务业的增长: 原因与影响 [M]. 陈彪如译. 上海: 三联书店, 1993.

[21] 胡晓鹏, 李庆科. 生产性服务业与制造业共生关系研究——对苏、浙、沪投入产出表的动态比较 [J]. 数量经济技术经济研究, 2009 (2): 33-46.

[22] 黄莉芳. 生产性服务业对制造业前向和后向技术溢出效应检验 [J]. 产业经济研究, 2011 (4): 29-37.

[23] 江波, 李江帆. 政府规模、劳动-资源密集型产业与生产性服务业发展滞后: 机理与实证研究 [J]. 中国工业经济, 2013 (1): 64-76.

[24] 江静, 刘志彪, 于明超. 生产者服务业发展与制造业效率提升: 基于地区和行业面板数据的经验分析 [J]. 世界经济, 2007 (8): 52-62.

[25] 江静, 刘志彪. 生产性服务发展与制造业在全球价值链中的升级——以长三角地区为例 [J]. 南方经济, 2009 (10): 36-44.

[26] 江曼琦, 席强敏. 生产性服务业与制造业的产业关联与协同集聚 [J]. 南开学报: 哲学社会科学版, 2014 (1): 153-160.

[27] 江小涓. 服务业增长: 真实含义、多重影响和发展趋势 [J]. 经济研究, 2011 (4): 4-14.

[28] 姜长云. 我国服务业集聚区发展现状、问题及原因 [J]. 经济研究参考, 2014 (10): 153-160.

[29] 金常飞, 李国强, 李婕. 基于Panel data的区域物流对经济增长的实证研究 [J]. 技术与创新管理, 2009 (11): 736-738, 745.

[30] 孔婷, 孙岩林, 冯泰文. 生产性服务业对制造业效率调节效应的实证研究 [J]. 科学学研究, 2010 (3): 357-364.

[31] 孔祥德, 徐希燕. 生产性服务业与制造业互动关系研究 [J]. 经济管理, 2008 (12): 74-79.

[32] 雷鹏. 制造业产业集聚与区域经济增长的实证研究 [J]. 上海经济研究, 2011 (1): 35-45.

[33] 李春顶. 中国制造业行业生产率的变动及其影响因素——基于DEA技术的1998—2007年行业面板数据分析 [J]. 数量经济技术经济研究, 2009 (12): 58-69.

[34] 李克, 李光明. 我国物流业发展的经济增长效应研究 [J]. 科技经济与市场, 2010 (1): 33-34.

[35] 李强. 基于城市视角下的生产性服务业与制造业双重集聚研究 [J]. 商业经济与管理, 2013 (1): 70-78.

[36] 李善同, 高传胜. 中国生产者服务业发展与制造业升级 [M]. 上海: 三联书店, 2008.

[37] 李松庆, 苏开拓. 广东制造业与物流业联动发展的灰色关联分析 [J]. 中国集体经济, 2009 (5): 267-275.

[38] 李小平. 自主R&D、技术引进和生产率增长——对中国分行业大中型工业企业的实证研究 [J]. 数量经济技术经济研究, 2007 (7): 15-24.

[39] 李筱乐. 政府规模、生产性服务业与经济增长——基于我国 206 个城市的面板数据分析 [J]. 国际贸易问题, 2014 (5): 105-112.

[40] 李耀光, 吴雁军. 产业互动视角下的北京市生产性服务业发展研究 [J]. 北京工商大学学报: 社会科学版, 2010, 25 (2): 103-107.

[41] 梁红艳, 王健. 中国生产性服务业与制造业的空间关系 [J]. 经济管理, 2012 (11): 19-29.

[42] 刘秉镰, 林坦. 制造业物流外包与生产率的关系研究 [J]. 中国工业经济, 2010 (9): 67-77.

[43] 刘健. 我国生产型服务产业与经济增长的实证研究——基于 1978—2007 年数据的分析 [J]. 上海财经大学学报, 2010 (3): 75-82.

[44] 刘明宇, 芮明杰, 姚凯. 生产性服务价值嵌入与制造业升级的协同演进关系研究 [J]. 中国工业经济, 2010 (8): 66-75.

[45] 刘书瀚, 张瑞, 刘立霞. 中国生产性服务业和制造业的产业关联分析 [J]. 南开经济研究, 2010 (6): 65-74.

[46] 刘曙华. 生产性服务业集聚对区域空间重构的作用途径和机理研究 [D]. 上海: 华东师范大学, 2012.

[47] 刘长全. 中国制造业集聚经济特征与最优集聚问题——对 112 个三位数产业的实证研究 [J]. 上海经济研究, 2010 (9): 3-13.

[48] 陆剑宝, 梁琦. 生产性服务业与制造业的空间与产业二重协同: 研究述评与展望 [J]. 中大管理研究, 2012, 7 (2): 106-119.

[49] 陆剑宝. 基于制造业集聚的生产性服务业协同效应研究 [J]. 管理学报, 2014 (3): 396-401.

[50] 路江涌, 陶志刚. 中国制造业区域集聚及国际比较 [J]. 经济研究, 2006 (3): 103-114.

[51] 邱爱莲. 生产性服务贸易对中国制造业全要素生产率提升的影响: 机理及实证研究 [J]. 国际贸易问题, 2014 (6): 71-80.

[52] 邱灵, 申玉铭, 任旺兵. 国内外生产性服务业与制造业互动发展的研究进展 [J]. 世界地理研究, 2007 (3): 71-77.

[53] 任英华. 金融集聚影响因素空间计量模型及其应用 [J]. 数量经济技术经济研究, 2010 (5): 61-69.

[54] 沈能, 赵增耀, 周晶晶. 生产要素拥挤与最优集聚度识别——行业异质性的视角 [J]. 中国工业经济, 2014 (5): 83-95.

[55] 沈能. 局域知识溢出和生产性服务业空间集聚——基于中国城市数据的空间计量 [J]. 科学学与科学技术管理, 2013 (5): 61-69.

[56] 沈玉芳, 刘曙华. 长三角地区生产性服务业布局的结构与趋势分析 [J]. 城市发展研究, 2011 (4): 70-78.

[57] 盛丰. 生产性服务业集聚与制造业升级: 机制与经验——来自 230 个城市数据的空间计量分析 [J]. 产业经济研究, 2014 (2): 32-110.

[58] 盛龙, 陆根尧. 中国生产性服务业集聚及其影响因素研究——基于行业和地区层面的分析 [J]. 南开经济研究, 2013 (5): 14-19.

[59] 孙晓华, 翟钰, 秦川. 生产性服务业带动了制造业发展吗?——基于动态两部门模型的再检验 [J]. 产业经济研究, 2014 (1): 23-30.

[60] 谭洪波. 生产者服务业与制造业的空间集聚: 基于贸易成本的研究 [J]. 世界经济, 2015 (3): 171-190.

[61] 汪彩君, 唐根年. 长江三角洲地区制造业空间集聚、生产要素拥挤与集聚适度识别研究 [J]. 统计研究, 2011 (2): 59-64.

[62] 汪德华, 江静, 夏杰长. 生产性服务业与制造业融合对制造业升级的影响——基于北京市与长三角地区的比较分析 [J]. 首都经济贸易大学学报, 2010 (2): 15-22.

[63] 王丽丽, 范爱军. 空间集聚与全要素生产率增长——基于门限模型的非线性关联研究 [J]. 产业经济研究, 2009 (12): 105-110.

[64] 王硕. 生产性服务业区位与制造业区位的协同定位研究——基于长三角27个城市的面板数据 [J]. 上海经济研究, 2013 (3): 13-21.

[65] 魏江, 周丹. 生产性服务业与制造业互动机理研究——以乐清低压电器产业链为例 [J]. 科学学研究, 2010 (8): 1172-1180.

[66] 魏守华, 汤丹宁, 孙修远. 本地经济结构、外部空间溢出与制造业增长: 以长三角为例 [J]. 产业经济研究, 2015 (1): 71-81.

[67] 吴福象, 曹璐. 生产性服务业集聚机制与耦合悖论分析——来自长三角16个核心城市的经验证据 [J]. 产业经济研究, 2014 (4): 13-21.

[68] 席敏强. 中国城市生产性服务业模式选择研究——以工业效率提升为导向 [J]. 中国工业经济, 2015 (2): 18-30.

[69] 宣烨, 余泳泽. 生产性服务业层级分工对制造业效率提升的影响——基于长三角地区38城市的经验分析 [J]. 产业经济研究, 2014 (3): 1-10.

[70] 宣烨. 生产性服务业空间集聚与制造业效率提升——基于空间外溢效应的实证研究 [J]. 财贸经济, 2012 (4): 121-128.

[71] 杨仁发, 刘纯彬. 生产性服务业与制造业融合背景的产业升级 [J]. 改革, 2011 (1): 40-46.

[72] 杨仁发. 生产性服务业发展、制造业竞争力与产业融合 [D]. 天津: 南开大学, 2013.

[73] 姚永玲, 赵宵伟. 城市服务业动态外部性及其空间效应 [J]. 财贸经济, 2012 (12): 101-107.

[74] 叶宁华, 包群, 邵敏. 空间集聚、市场拥挤与我国出口企业的过度扩张 [J]. 管理世界, 2014 (1): 58-72.

[75] 殷广卫. 新经济地理学视角下的产业集聚机制研究 [D]. 天津: 南开大学, 2009.

[76] 于斌斌, 胡汉辉. 产业集群与城市化的共同演化机制: 理论与实证 [J]. 产业经济研究, 2013 (6): 1-9.

[77] 张益丰. 基于GVC与NVC嵌套式地方产业集群升级研究——兼论高端制造业与生产者服务业双重集聚 [J]. 上海经济研究, 2010 (1): 65-72.

[78] 张勇. 生产性服务业空间集聚的实证研究 [D]. 沈阳: 辽宁大学, 2012.

[79] 赵放. 制造业与物流业的空间协同集聚及其增长效应研究 [D]. 天津: 南开大学, 2012.

[80] 赵伟, 郑雯雯. 生产性服务业—贸易成本与制造业集聚: 机理与实证 [J]. 经济学家, 2011 (2): 67 – 75.

[81] Alonso W. Location and Land Use [M]. Harvard : Harvard University press, 1964: 142 – 165.

[82] Alonso Villar O. Urban agglomeration: knowledge spillovers and product diversity [J]. The Annals of Regional Science, 2002, 36: 551 – 573.

[83] Amin A, Thrift. Globalization institutions and regional development in Europe [M]. Oxford : Oxford University Press, 1995.

[84] Andersson M. Co-location of manufacturing & producer services: A simultaneous equation approach [C]. In Karlsson C, Johansson B, Stough R. Entrepreneurship and Dynamics in the Knowledge Economy. New York: Routledge, 2006: 94 – 124.

[85] Arbia Giuseppe, Baltagi Badi H. Spatial econometrics: methods and applications [M]. Heidelberg : Physica-Verlag, 2009: 543 – 567.

[86] Baldwin John R, Brown W Mark, Righy David L. Agglomeration economics: microdata panel estimates from canadian manufacturing [J]. Journal of Regional Science, 2010 (5): 915 – 934.

[87] Baldwin R E, Ottaviano G I P. Global income divergence, trade and industrialization: the geography of growth take-off [J]. Journal of Economic Growth, 2001, 6: 5 – 37.

[88] Bartelsma E J. R&D spending and manufacturing productivity: an empirical analysis [Z]. Board of Governors of the Federal Reserve System, Working paper, No. 122.

[89] Bartlesman Eric J, Caballero Ricardo J, Lyons Richard K. Customer and supplier-driven externalities [J]. American Economic Review, 1994, 84 (4): 1075 – 1084.

[90] Basu S, Fernald J G. Are apparent productive spillovers a figment of specification error? [J]. Journal of Monetary Economics, 36: 165 – 188.

[91] Bolton J M, Wei Y. Distribution and logistics in today's China [J]. China Business Review, 2003, 30 (5): 8 – 17.

[92] Burnside, Craig. Production function regressions, return to scale, and externalities [J]. Journal of Monetary Economics, 1996, 37: 177 – 201.

[93] Caballero Ricardo J, Lyons Richard K. External effects in U. S. procyclical productivity [J]. Journal of Monetary Economics, 1992, 92 (2): 209 – 225.

[94] Coffey W J. The geographies of producer services [J]. Urban Geography, 2000, 21 (2): 170 – 183.

[95] Cohen S, Zysman J. Manufacturing matters: the myth of the post-industrial economy [C]. New York: Basic Book, 1987.

[96] Daniels P W. Services industries: A geographical appraisal [M]. Methuen : Methuen, 1985.

[97] Desmet K, Fafchamps M. Changes in the spatial concentration of employment across U. S. coun-

ties: A sectoral analysis, 1972—2000 [J]. Journal of Economic Geography, 2005, 5 (3): 261 -284.

[98] Ellision G, Glaeser E L. Geographic concentration in U. S. manufacturing industries: A dartboard approach [J]. Journal of Political Economy, 1997, 105: 889 -927.

[99] Eswaran, Kotwal. The Role of the service sector in the process of industrialization [J]. Journal of Development Economics, 2002, 68 (2): 401 -420.

[100] Francois J F, Woerz J. Producer services, manufacturing linkages, and trade [J]. Journal of Industry, Competition and Trade, 2008, 8 (34): 1566 -1679.

[101] Fujita M J F. Thisse Economic of agglomeration: cities, industrial location [M]. Cambiidge: Cambiidge University Press, 2002.

[102] Glenn Ellison, Edward L. Glaeser, William Kerr. What causes industry agglomeration? Evidence from co-agglomeration patterns [J]. NBER Working Paper, Cambridge, MA 02138, 2007 (4): 453 -467.

[103] Greenfield H. Manpower and the growth of producer services [J]. Economic Development. 1966: 163.

[104] Hansen N. Do producer services include regional economic development [J]. Journal of Regional Science, 1990 (4): 465 -476.

[105] Hansen N. The strategic role of producer services in regional development [J]. International Regional Science Review, 1994 (2): 45 -56.

[106] Kandampully J. The dynamics of service clusters: a phenomenon for further study [J]. Managing Service Quality, 2011, 11 (2): 112 -121.

[107] Jacobs W, Koster H R A, Van Oort F. Co-agglomeration of knowledge intensive business services and multinational enterprises [J]. Journal of Economic Geography, 2014, 14 (2): 443 -472.

[108] Jed Kolko. Urbanization, agglomeration, and co-agglomeration of service industries [J]. Urban Studies, 2007 (50): 191 -229.

[109] Jordi Jofre-Monseny. The mechanisms of agglomeration: Evidence from the effect of inter-industry relations on the location of new firms [J]. Journal of Urban Economics, 2011, 70 (5): 61 -74.

[110] Lee L F, Liu X, Lin X. Specification and estimation of social interaction models with network structures [J]. Econometrics Journal, 2010, (13): 145 -176.

[111] Macpterson A. Producer services linkages and industrial innovation: Results of a twelve-year tracking study of New York state manufactures [J]. Growth and Change, 2008, 39 (1): 1 -23.

[112] Markusen C. Trade in producer services and in other specialized intermediate inputs [J]. American Economic Review, 1997 (42): 545 -559.

[113] Markusen J R. Trade and direct investment: a producer services and the domestic market for enterprise [J]. Canadian Journal of Economics, 2005, 38 (3): 758 -777.

[114] Markusen J R. Trade in producer services and other specialized intermediate inputs [J]. American Economic Review, 1989, 79 (1): 85-95.

[115] Poter M E. Clusters and new economics of competition [J]. Harvard Business Review, 1998 (11): 77-91.

[116] Rosenthal S, Strange C. Evidence on the nature and sources of agglomeration economies. In J. V. Henderson and Jacques-Francois Thisse (eds) [J]. Handbook of Regional and Urban Economics, 2004 (4): 2119-2171.

[117] Swann G M P, Prevezer M, Stout D. The dynamics of industrial clustering: international comparisons in computing and biotechnology [M]. Oxford: Oxford University Press, 1998: 645-680.

[118] Venables A J. Equilibrium location of vertical linked industries [J]. International Economic Review, 1996, 37(2): 341-360.